MW01592669

DESTRUYE LOS DIOSES QUE LLEVAS DENTRO

DAVID ALLEN

DESTRUYE LOS DIOSES QUE LLEVAS DENTRO

www.EditorialNivelUno.com

Para vivir la Palabra

Para vivir la Palabra

Publicado por:

Editorial Nivel Uno, Inc.
3838 Crestwood Circle
Weston, Fl 33331
www.editorialniveluno.com

©2017 Derechos reservados

©2017 David Allen

ISBN: 978-1-941538-34-0

Desarrollo editorial: *Grupo Nivel Uno, Inc.*
Diseño interior: *Grupo Nivel Uno, Inc.*

Todos los derechos reservados. Se necesita permiso escrito de los editores, para la reproducción de porciones del libro, excepto para citas breves en artículos de análisis crítico.

A menos que se indique lo contrario, todos los textos bíblicos han sido tomados de la Santa Biblia, Nueva Versión Internacional® NVI® ©1999 por Bíblica, Inc.®. Usada con permiso.

Printed in the United States of America
Impreso en Estados Unidos de América

17 18 19 20 21 22 VP 9 8 7 6 5 4 3 2 1

ÍNDICE

A mi esposa Vicki, cuyo amor y fidelidad han sido una fuente constante de estímulo y apoyo en mi peregrinaje espiritual.

He visto a los viejos dioses irse y a los nuevos llegar.
Día tras día, año tras año, los ídolos caen y los ídolos surgen.

Hoy rindo culto al martillo.
Cari Sandburg, «El Martillo»

Queridos hijos, apártense de los ídolos.
1 Juan 5.21

INTRODUCCIÓN

L a idolatría es un viejo fenómeno que, en la cultura moderna, se suele descartar de manera errónea como algo del pasado.

En realidad, el analista neofreudiano Erich Fromm afirmó que la de la humanidad es primordialmente la historia de la adoración a los ídolos, desde los más primitivos de arcilla y madera hasta los más modernos del gobierno, los líderes, la producción y el consumo.[1] En el contexto judeocristiano, se define la idolatría como rendir culto a algo que no es Dios, el Ser Supremo del universo, inmortal, absoluto, trascendente e inmanente.

En el Antiguo Testamento, después de recordarles a los hijos de Israel su liberación de la tierra de esclavitud, el Señor Dios advierte: «No tengas otros dioses además de mí. No te hagas ningún ídolo, ni nada que guarde semejanza con lo que hay arriba en el cielo, ni con lo que hay abajo en la tierra, ni con lo que hay en las aguas debajo de la tierra. No te inclines delante de ellos ni los adores» (Éxodo 20.3-5). En el Nuevo Testamento, Juan advierte a la Iglesia que se guarde de los ídolos (1 Juan 5.21).

En tiempos antiguos los ídolos eran imágenes, elaboradas por el hombre, de personas, animales u otros objetos, a las que se adoraba como a dioses. Las imágenes se hacían a menudo de madera, arcilla o piedra, y a veces se cubrían de metales o piedras preciosas. A ciertos lugares naturales, por ejemplo montañas u otros terrenos elevados, se les rendía culto como morada de los dioses.

Con el paso del tiempo algunos objetos materiales valiosos como el dinero, las joyas, las obras de arte u otros bienes, se convirtieron en ídolos. Más adelante, la idolatría pasó a ser la adoración al compromiso absoluto con diversas ideologías y filosofías políticas. En el Nuevo Testamento, los ídolos se asociaban con diversos apetitos humanos como la codicia, la lujuria y la avaricia (Efesios 5.5; Filipenses 3.19). En esencia, ídolo es cualquier cosa a la que se le da un valor supremo y se le rinde culto en lugar del Dios santísimo. Según Frederick Buechner: «Idolatría es la práctica de atribuir valor absoluto a cosas de valor relativo».[2]

En la cultura moderna, sin embargo, la situación resulta más confusa puesto que los conceptos de idolatría y seudodioses no están bien definidos. ¿Por qué es eso así? No estoy seguro. No cabe duda, sin embargo, que los logros tecnológicos y el modo de vivir tan complicado de nuestra época han eliminado parte del misterio de la vida. En cierto sentido, nuestra máxima preocupación somos nosotros mismos.

En su libro *You Shall Be As Gods* [Seréis como dioses], Erich Fromm afirma: «El enfoque para entender qué es un ídolo comienza por comprender lo que no es Dios. Como valor y meta supremos, Dios no es el hombre, ni el gobierno, ni ninguna institución, ni la naturaleza, ni el poder, ni las posesiones, ni las facultades sexuales, ni ningún artefacto que el hombre fabrique».[3]

La idolatría es la antítesis de una creencia significativa en la realidad de la existencia de Dios. Se pudiera argüir que el concepto de idolatría en la cultura moderna es más complejo puesto que la creencia en Dios se disimula, se reprime o se niega.

Willard Gaylin lo señaló en forma categórica: «Hoy tenemos menos confianza en nuestra capacidad para encontrar respuestas concluyentes. Tenemos menos confianza en que incluso haya respuestas definitivas».[4] Con todo, a pesar de esa incertidumbre, buscamos, de modo consciente o inconsciente, el significado de lo trascendente en nuestra vida.

El escritor Charles Krauthammer lo ha expresado así: «Todos buscamos nuestra conexión con ese lugar en el que cada uno de nosotros honra lo incuantificable y lo eterno. Nuestra esperanza, nuestra meta, es que esa búsqueda del significado trascendente y definitivo nos conduzca a una vida más útil y con significado».[5]

Esa búsqueda la pone todavía más de relieve el premio Nobel, Francis Crick, que con su estilo inimitable dijo: «No podemos sentirnos satisfechos para siempre con conjeturas del ayer, por mucho que la seducción de lo tradicional y ritualista pueda, por un tiempo, adormecer nuestras dudas en cuanto a su validez. Debemos insistir hasta conseguir forjar un cuadro claro y válido, no solo de este vasto universo en el que vivimos, sino también de nosotros mismos».[6]

En otras palabras, aunque el lenguaje haya cambiado, nuestra búsqueda es la misma. G. K. Chesterton nos advirtió que cuando «dejamos de adorar a Dios, no adoramos nada, lo adoramos todo».[7] Mi posición es que en esta época de reduccionismo sicológico nos encerramos en nosotros mismos debido a que perdimos la fe en las ideologías políticas y en otros procesos que nos rodean.

Al encontrarnos frente a un profundo sentimiento de insuficiencia, debido a los abrumadores acicates que se nos presentan, nos centramos en nuestro yo y desarrollamos imágenes poderosas e inconscientes de nosotros mismos. En la búsqueda de formas tangibles que den sentido a nuestra vida, nos volvemos susceptibles a crear ídolos y seudodioses que proyecten nuestra imagen narcisista hacia la realidad que nos rodea.

Nuestros ídolos y seudodioses son fundamentalmente imágenes de nosotros mismos. Al analizar el mito de Narciso en *The Fall of Public Man* [La caída del hombre público], Richard Sennet nos advierte que el mito no es solo acerca del peligro del amor por él mismo, sino que Narciso se ensimismó tanto con el reflejo de su propia imagen en el lago que se olvidó de que eso era agua, por lo que cayó al fondo y se ahogó.[8] Según Rudolf Otto en su importante obra *Idea of the Holy* [La idea de Dios], Dios es el «Completamente Otro».[9] Y así es como nuestro dios o seudodios, igual que el reflejo de Narciso, se convierte en una proyección de nosotros mismos.

En los últimos veinte años, en mi trabajo como siquiatra y conferenciante en distintas partes del mundo, me he encontrado con una serie de problemas importantes que se le presentan al espíritu y a la mente de las personas: el narcisismo o el estar absorto en sí mismo; la conformidad o agradar a los demás a fin de poder ser parte de ellos; el carácter sagrado del afecto o vivir de acuerdo con lo que se siente; el reduccionismo materialista o negar la importancia del espíritu; el culto a lo extraordinario o fijarse metas pocos realistas; y, por último, la ilusión de la permanencia o creer que las cosas siempre seguirán siendo como son. Al mezclarse entre sí para formar lo que llamo «el festín de los dioses» o «la esclavitud moderna», esos problemas evocan y exigen una fidelidad poderosa que ahoga la creatividad e impide el desarrollo como comunidad.

Los seudodioses o ídolos son cosas, no tienen vida. Dios es un Dios vivo, inmanente y trascendente (Jeremías 10.10). David dice: «Tengo sed de Dios, del Dios de la vida» (Salmos 42.2). «Sus ídolos… tienen manos, pero no pueden palpar; pies, pero no pueden andar; ¡ni un solo sonido emite su garganta! Semejantes a ellos son sus hacedores» (Salmos 115.4-8). El concepto de idolatría es destructivo, deshumanizador e incompatible con la genuina libertad y la verdadera redención humana. Al seducirnos con la promesa de una satisfacción definitiva, los seudodioses nos explotan y, cuando se derrumban, nos sentimos angustiados, abandonados.

Una idea importante que me anima es el claro razonamiento de Fromm en cuanto a que podemos convertir nuestra fe en Dios en un ídolo. Tendemos a proyectar en la imagen de Dios nuestros propios sentimientos. Freud nos ha invitado a no proyectar en Dios la imagen de nuestros propios padres; eso hace que Dios se convierta en una defensa proyectada de nuestras luchas edipales. En otras palabras, vemos a Dios como nuestra figura paterna ideal.[10]

J. B. Phillips sugiere que una sociedad cruel y puritana proyectará sus características dominantes para crear un Dios cruel y puritano; «un dios casi con la misma autoridad moral que Papá Noel».[11] A menudo, los que creemos en Dios nos hacemos una imagen proyectada de Él, obligándolo a encajar en nuestro esquema o perfil. Por eso, aunque afirmamos conocer a Dios, en realidad adoramos a un seudodios o ídolo que nosotros mismos hemos creado.

Esa es la peor clase de idolatría puesto que engendra una falsa arrogancia, es una burla a la fe y obstruye la imagen de lo santo y hermoso de la vida. C. S. Lewis lo describe así: «Las imágenes del Santo con facilidad se convierten en imágenes santas, sacrosantas. La idea que tengo de Dios no es divina. Hay que derribarla una vez tras otra. Él mismo la derriba. Él es el gran iconoclasta. ¿No pudiéramos casi decir que ese derribamiento sea una de las señales de su presencia?»[12]

Los ídolos o seudodioses se fabrican en nuestro corazón. El corazón es el equivalente a la parte central de nuestra persona. Es el verdadero yo. Es donde convergen todos los aspectos del individuo: el emocional, el espiritual, el social, el cultural y el intelectual. Es la sede de nuestras emociones, el lugar donde el bien y el mal se relacionan entre sí en nuestra vida. Pero es sobre todo el lugar donde Dios, el Santo Totalmente Otro, se relaciona con nosotros.

El rey Salomón dijo: «Por sobre todas las cosas cuida tu corazón» (Proverbios 4.23). Los problemas de nuestro corazón se proyectan tanto hacia los demás como hacia Dios, el Santo Totalmente Otro. Por ejemplo, una persona culpable proyectará hacia Dios una imagen de desconfianza y reproche, creando un falso dios o seudodios.

Conocer a Dios, en esencia, implica disponernos a ir resolviendo el dolor y los problemas de nuestro corazón de forma que podamos pasar de la situación en que proyectamos nuestro dolor a otra en que llegamos a conocer al Dios verdadero. Después de la muerte por cáncer de su esposa, C. S. Lewis pasó por mucha angustia y dolor. Esa pena puso en movimiento ese lado oscuro del alma que cuestionó con toda seriedad su fe.

Lewis afirmó que la muerte de Joy no destruyó su fe en Dios, sino que lo obligó a reconocer cómo era Dios. Llegó a ver que Dios es un fin y nunca un medio. Por eso escribió lo siguiente: «Si se acercan a Él, no como la meta sino como el camino, no como un fin sino como un medio, en realidad no se están acercando a Él».[13] Cuando no vemos a Dios como nuestro interés supremo, hacemos de Él un medio y creamos un seudodios de nuestra fe. Por otra parte, cuando permitimos que cosas terrenales, ya sean ideologías, dinero o cualquier otro objeto, se conviertan en fines en sí mismas, estas pasan a ser ídolos.

Los ídolos y seudodioses son falsos. A veces hay que derribarlos. Ese derribo puede ser por causa de una enfermedad, de un desengaño, de la muerte o de otra tragedia, o Dios mismo puede destruir nuestras categorías mentales. Tener que derribar a los seudodioses propios siempre es doloroso; es más, deja un hueco en el alma y un vacío en el corazón. Nos volvemos susceptibles a la depresión, al suicidio o a otras acciones destructoras de uno mismo (por ejemplo, las drogas y el alcohol).

Sin embargo, en ese estado de indefensión extrema podemos ser sensibles a la verdadera fe en Dios. En un contexto cristiano, la venida de Cristo, el Santo Hijo de Dios, es el antídoto más poderoso contra la idolatría o los seudodioses. Karen Armstrong en su importante libro *The History of God* [La historia de Dios] escribió: «La doctrina de la encarnación se puede ver como otro intento por neutralizar el peligro de la idolatría. Ya que cuando se ve a Dios como la realidad «totalmente otra» fuera de nosotros, se puede con facilidad convertir en un simple ídolo y en una proyección que les permite a los seres humanos exteriorizar y adorar sus propios prejuicios y deseos».[14]

El abogado Brian, del que hablaré en este libro, afirmó que cuando el seudodios de su carrera jurídica se derrumbó, se sintió abandonado y deprimido, con sentimientos de impotencia y desesperanza. Pero al ser sensible a la fe en Dios por medio de Cristo, experimentó una nueva profundidad en el significado y la plenitud en su vida. Mientras almorzábamos juntos me dijo: «Me siento aliviado por no tener que ser ya más un dios. Es tan alentador y reconfortante saber que Dios me ama y me cuida».

Las palabras de San Agustín, después de tantos siglos, siguen teniendo una profunda resonancia: «Señor, nos has hecho para ti y no descansaremos hasta que lo hagamos en ti».

Al escribir este libro he empleado citas e ideas de una serie de autores. Quizás no todos ellos sostienen mi misma creencia en cuanto a la autoridad plena de las Escrituras, pero no por eso sus ideas dejan de ser valiosas. Me siento en verdad muy agradecido a ellos por su ayuda en mi propio derrotero espiritual.

A Dios se lo conoce por muchos nombres, tanto en el caso de quienes lo conocen como el Dios de la Biblia, el Creador, el Padre de Jesucristo, como por los que no lo aceptan así. Unos de los nombres de Dios que empleo en esta obra resultarán más conocidos para los que forman parte del primer grupo de lectores y otros para el segundo grupo. Pero cualquiera sea el término: «Dios», el «Santo Totalmente Otro» o el «Poder Más Alto», hablo del Dios de la Biblia, de Aquel ante quien los seudodioses se desploman.

«No tengas otros dioses además de mí.
No te hagas ningún ídolo,
ni nada que guarde semejanza con lo que hay arriba en el cielo,
ni con lo que hay abajo en la tierra,
ni con lo que hay en las aguas debajo de la tierra.
No te inclines delante de ellos ni los adores».
—Éxodo 20.3-5

1

LA VIDA ESTÁ HERIDA

Carmen era una madre atractiva y trabajadora, ya entrada en los cuarenta. Como maestra de escuela había cosechado éxitos y parecía gozar de buena salud. Pero sus ojos indicaban que se trataba de una persona turbada, desalentada. Carmen me explicó que su mundo se había derrumbado. Averigüé que su esposo tenía relaciones fuera del matrimonio, por lo que hacía un tiempo que abandonó el hogar.

Además, para empeorar las cosas, se sentía muy preocupada por su hija adolescente que estaba consumiendo drogas. La joven dejó los estudios secundarios y no mostraba ningún interés por estudiar una carrera. Carmen se deprimió y la vida dejó de tener sentido para ella. Abrumada con sentimientos de vergüenza, culpa y fracaso, perdió la confianza en sí misma en pocos meses; sentía que no valía nada, se interesaba poco en su apariencia física, y menos en su trabajo y en sus amigos. Se fue aislando cada vez más y hasta renunció al coro de su iglesia; algo de lo que disfrutó desde su juventud.

Carmen también se fue retirando de la congregación, por lo que eludía a propósito a las personas con las que tuvo estrecha relación por muchos años. Con lágrimas en los ojos, expresaba sentimientos de desesperanza, desaliento e inutilidad. Me dijo: «Todo se ha acabado. He perdido a mi esposo y a mi hija. No hay nada que me ilusione. Más que nada, he perdido la fe. Me cuesta creer en Dios. Soy como un barco sin timón; ando a la deriva y me voy a estrellar. Casi no aguanto más».

Su conversación era siempre la misma, un tema exclusivo: desesperación, enojo, depresión y desesperanza. Todo el pensamiento de Carmen se circunscribía a la relación extramatrimonial de su esposo y al problema de la adicción a las drogas de su hija. Después de escucharla durante varias sesiones, decidí interrumpir su letanía de problemas. Con amabilidad le dije: «Sé que ha vivido una época muy difícil, y es obvio que se sienta herida y enojada. Sin embargo, ¿es posible que haya puesto sus problemas en el lugar que debe ocupar su fe y que los problemas se hayan convertido en su Dios?»

Problemas que se convierten en dioses

Carmen se quedó estupefacta. Sus ojos color café me miraron con frialdad y me respondió: «¿Qué quiere decir con eso?» Le expliqué un principio en el que he llegado a creer de verdad. Es el siguiente:

> Cualquier problema, persona o placer que absorbe nuestro tiempo, tanto en vela como en sueños, que nos aleja de la fe y que nos aísla de la comunidad que nos apoya, es elevado a la categoría de dios en nuestra vida. Se convierte en nuestra realidad definitiva. Como por definición, Dios es el Ser Supremo y el Creador, cuando un problema se eleva a la categoría de dios, se vuelve tan enorme que no se puede solucionar y, con el tiempo, incluso nos destruye.

Carmen me miraba con atención.

—Explíquese más —me dijo.

Después de escucharla proseguí:

—Me parece que usted ha invertido tal cantidad de energía en el problema de su esposo y de su hija que eso se ha convertido en su pasión central. Eso la está definiendo. Se lo exige todo: su tiempo, su reverencia, su vida. Como resultado, su problema se ha convertido en su dios. Me miró con sorpresa.

—Le ruego que me hable más acerca de eso —me indicó. Por eso me detuve unos momentos antes de continuar.

—Cuando un problema se convierte en un fin en sí mismo, perdemos nuestra condición de personas. En vez de tener un problema, el problema nos tiene a nosotros. Cuando eso sucede, fundamentalmente estamos sacrificando nuestro yo ante el trono del problema y hemos entrado en el proceso de nuestra destrucción. Cuando un problema se eleva a la condición de dios, nada lo puede solucionar. Eso es así, por definición, puesto que Dios es mayor que todo lo que hay en la vida.

Ella me escuchaba ansiosa.

—¿Qué debo hacer entonces? —me preguntó.

—Bueno, parece que hay dos opciones posibles —respondí—. Podemos quitarle a su problema la condición de dios para colocarlo en la perspectiva adecuada. O usted puede seguir adorando su problema, destruir su fe y quedar por completo bajo el control de las circunstancias.

Ella se interesó más aún.

—¿Qué quiere decir con colocar al problema en la perspectiva adecuada? —inquirió.

—Quiere decir sencillamente: hacer que el problema se someta ante Dios. Según la tradición judeocristiana, todos los seres humanos son hechos a imagen de Dios. Por lo que nuestro verdadero significado yace en tener comunión con Dios, el Creador de la vida y del universo. Todos los problemas, por graves y dolorosos que sean, están sometidos a la relación entre Dios y los seres humanos. Entonces, si hacemos que nuestros problemas se sometan a Dios, los colocamos en su perspectiva apropiada. Eso permite que la gracia, el amor y el poder de Dios conduzcan a importantes soluciones.

Como seres humanos hechos a imagen de Dios, tenemos la capacidad de otorgarle la condición divina a lo que queramos. Como criaturas que rinden culto a Dios, nuestra tarea fundamental es asegurarnos de que, por difíciles que se vuelvan nuestros problemas, ellos se encuentran en la perspectiva adecuada. Es decir, que están sometidos a nuestra fe en Dios. Entonces, y solo entonces, hay esperanza en medio de nuestras circunstancias, porque el verdadero Dios es trascendente, por encima de todo lo que hay en el universo.

En las páginas que siguen, te enterarás de muchos falsos dioses que están esperando que los elevemos a la condición de deidad dentro de nosotros. Los identificaremos y aprenderemos a derribarlos. En última instancia, encontraremos la senda a la adoración del verdadero Dios. Pero antes de continuar, debemos entender otro principio importante.

Hay algo que explica nuestra constante creación de falsos dioses. Es la razón para que estemos constantemente relegando a nuestra fe para colocar a nivel de dioses tanto nuestros placeres como nuestros problemas. La razón es esta: *La vida está quebrantada.*

Además, hay una conexión compleja entre nuestro dolor y nuestros dioses falsos. Antes de entrar a analizar las seudodeidades que quizá estemos venerando en este preciso instante, examinemos primero el tema del dolor.

Dolor en el paraíso

Era una tarde espléndida en las Bahamas. Me sentía contento y agradecido de haber salido a navegar. Flotando tranquilamente sobre las aguas color turquesa, mis pensamientos empezaron a divagar mientras las apacibles aguas acariciaban el bote. Pero mi paz no iba a durar mucho.

Después de amarrar la nave cerca de las seis de la tarde, regresé a casa y allí me dijeron que Wendell, un amigo muy querido, se había perdido en el mar. Él tenía dieciocho años, era un joven rubio y atractivo, de muy buena familia. Me enteré de que había salido con un amigo a pescar con arpón a unos trece metros de profundidad, cerca de Rose Island, una encantadora islita al nordeste de Nassau. Al divisar un pez espada bastante grande, Wendell se zambulló para arponearlo. Los peces espada pueden ser de gran tamaño y muy fuertes, por lo que no es fácil arponearlos.

En la primera zambullida, mi amigo arponeó al pez en la cabeza. Este pudo escabullirse y se escondió bajo una roca. Wendell regresó al bote para recoger otro arpón y volvió a zambullirse en busca del pez espada. Volvió a dispararle, pero no logró alcanzarlo. Como no se daba por vencido, tomó otro arpón y fue por tercera vez en busca del pez. No lo volvieron a ver vivo.

Esa noche me reuní con el padre de Wendell. Con movimientos de cabeza, parecía querer negar la realidad. Me dijo: «David, no me cabe en la cabeza. Wendell nadaba tan bien».

A la mañana siguiente, los que habían salido a buscarlo encontraron su cuerpo. Su madre lloró. Su padre, como los demás hombres, trató de mostrarse fuerte ante la adversidad. En medio de esa tragedia, de nuevo me vino a la mente que la vida está herida.

Donde hay vida, hay cambio.
Donde hay cambio, algo se pierde.
Donde hay pérdida, hay dolor.

El paraíso perdido

Medita en los primeros nueve meses de tu vida. ¿Acaso no fueron maravillosos? Bebiendo por tubos, alimentándose por tubos, flotando en un mar en calma. Luego tu mundo se desmoronó: las aguas se rompieron y asomó la cabeza al mundo. Además, por si eso fuera poco, alguien cortó el cordón umbilical, la última conexión entre tú y tu utópico ambiente. Para empeorar las cosas, te pusieron cabeza abajo y el doctor o la comadrona te dieron una nalgada. ¿Y todavía nos preguntamos por qué estamos heridos? Nos echaron del paraíso, alguien cortó el cordón umbilical, nos dio una fuerte palmada y luego nos dijo: «¡Ahora comienza a vivir!» Hasta hoy, algunos de nosotros todavía no sabemos cómo vivir.

Después del nacimiento, vemos al niño y a su madre metidos en una envoltura sicológica hermosa donde, en la mente del niño, no hay fronteras entre lo que es él y lo que es su madre. Cuando el niño succiona el pecho de la madre cree, en su mente, que ese es *su* pecho. Cuando va creciendo, el pequeño va desarrollando fronteras. De repente, un día, el pequeñín quiere más leche de «su» pecho, mientras que de manera simultánea está consciente de que «su» pecho se aleja de su boca. Es todo un rompecabezas. Quizá se pregunte: ¿Cómo es posible que mi pecho abandone mi boca cuando quiero más leche?

Una vez más el niño se enfrenta con otro desarrollo sicológico difícil. Por primera vez se da cuenta de que lo que creía que era suyo nunca lo había sido. Esta es una lección muy difícil de aprender a lo largo de la vida. Muchos de nosotros seguimos diciendo que somos los dueños, a veces en el matrimonio, a veces con los hijos, a veces en los negocios, solo para descubrir que lo que habíamos pensado que era nuestro ni siquiera lo fue nunca.

En el primer arrebato que sufre el niño ante la pérdida de lo que cree suyo, llora y siente una angustia profunda. Llegado el momento, lo destetan. Entonces, en la cama, llora y pide el biberón. La mamá se apresura a colocárselo en la boca. Lo chupa un poco y, ¡adivina!, lo arroja al suelo. Estamos ante la primera defensa masoquista en la vida. El niño resuelve el problema del primer dolor creando su propio dolor. Al crear dolor, oculta el padecimiento subyacente por la pérdida de su hogar paradisíaco y por haber perdido «su» pecho. Eso nos ayuda a entender cómo en medio del dolor, las personas heridas tienden a herirse a sí mismas y a herir a los que aman.

Pronto llegamos a la fase en que el niño tiene que, de alguna forma, «interiorizar» al padre o a la madre. Es casi como si el niño tuviera un vacío interior, de modo que interioriza el sentido de estabilidad, constancia y previsibilidad que los padres (sobre todo la madre) le ofrecen. Esta interiorización constituye el fundamento de su futura identidad.

Es lamentable que en el perturbado mundo actual, muchos niños crezcan sin vínculos. No interiorizan el amor de sus padres, sencillamente porque estos no les brindan amor. Los niños crecen en nuestra cultura, como dice John Bradshaw, con un vacío en el alma.[1] Ese vacío se expresa ante todo como aburrimiento o depresión; y, en la adolescencia, puede generar uso de drogas, pandillerismo o embarazos. En realidad, una madre adolescente soltera me dijo que había tenido a su hijo para que le diera el amor que nunca había recibido de su madre.

La vida está herida. Y esta lesión no desaparece cuando supe-
ramos las luchas de la niñez y la adolescencia. No se interrumpe
cuando la transmitimos a nuestros hijos e hijas. En realidad, se vuelve peor. A pesar de las promesas maravillosas de nuestra sociedad,
muchos ancianos viven en total desesperación. Se los animó toda su
vida a que hicieran lo mejor que pudieran, y en última instancia,
a menudo se sienten explotados y experimentan un sentimiento de
abandono.

Me encontraba haciendo mi ronda de visitas como inspector jefe
de un hospital del gobierno. Llegué a una habitación que creí estaba
desocupada. De repente, oí un ruido adentro. Abrí la puerta del baño
y me encontré con dos ancianas acurrucadas juntas. Me dijeron: «Nos
sentimos perdidas». Muchas otras personas ancianas y solitarias viven
en la misma situación. Nuestra población de la tercera edad está llena
de personas perdidas, desesperadas.

Vivimos en un mundo donde abunda el dolor

Todos hemos escuchado relatos de maltratos sexuales, físicos, verbales
y, más recientemente, de maltratos emocionales. ¿Cuántos de nosotros,
sobre todo los que somos padres de familia, no sabemos cómo amar a
nuestros hijos? No sabemos cómo expresar amor, y por eso nos mantenemos distantes y reservados. La ausencia misma de manifestar emociones equivale a una forma de maltrato; no por lo que hemos hecho,
sino por lo que hemos dejado de hacer.

Algunos padres proyectan sus propios deseos y ambiciones en sus
hijos. Esto hace que estos últimos se sientan incapaces de actuar en
conformidad con cierta norma no definida. Acaban diciendo: «Le fallé
a mi papá, le he fallado a mi mamá, me siento muy mal cuando pienso
en lo que hubiera podido llegar a ser».

A veces me pregunto si esto, por lo menos en parte, explica la
epidemia de suicidios entre los adolescentes. Cuando los padres no
enfrentamos nuestra propia condición de personas heridas, a veces
transferimos nuestro dolor a los hijos, los cuales tienen que cargar con
nuestras heridas además de las propias.

No todas las heridas las causan otras personas. Huracanes, terremotos, incendios, inundaciones, cualquiera de esas cosas pueden destruir toda una vida de trabajo, esfuerzo y dedicación en menos de una hora. Después de los destrozos causados por el huracán Andrew, le oí decir a una mujer: «Al llegar aquí me dijeron que me consiguiera un condominio. Lo hice. Y ahí está. Mírelo. Solo quedan los escombros».

La política y las guerras causan heridas. Los sistemas religiosos nos hieren. Los seres amados se enferman. Mueren personas jóvenes, saludables, como Wendell. Relaciones que hemos llegado a valorar se echan a perder por malos entendidos y a veces quedan destruidas para siempre. Nos falla la salud o nuestra situación económica se vuelve difícil. En todos los ámbitos de nuestra existencia, vemos cómo cambia la vida constantemente. Vale la pena repetirlo: en todos los cambios hay pérdidas y en todas las pérdidas hay dolor.

¿Escapar, pelear o quedarse paralizado?

En el transcurso de la vida, el dolor que se repite es un peligro permanente. Los seres humanos responden a la amenaza del dolor en formas típicas. Si nos encontramos con un león que nos acecha, nos aumenta la presión sanguínea, el corazón se pone a latir aceleradamente, baja el nivel de azúcar en la sangre y, o bien nos disponemos a pelear o, si todos fueran como yo, a escapar.

¿Qué sucede cuando los niños se enfrentan con el dolor? Muchas veces no pueden pelear; otras veces no pueden escapar. No les queda otra alternativa que quedarse paralizados. Muchos de nosotros arrastramos hasta la adultez la dolencia que nos dejó paralizados en nuestra infancia herida. A veces es el sufrimiento causado por un padre reservado, por un divorcio, por la muerte de alguien cercano, por enfermedades graves o por un fracaso traumatizante. Cualquiera haya sido la circunstancia, hace mucho tiempo que ciertos sentimientos quedaron estacionados en nuestro corazón. Hoy, frente al dolor en la vida adulta, quizás todavía nos quedemos paralizados.

Al igual que una huella del pie en el cemento fresco, el dolor y las heridas en la infancia dejan un rastro. El efecto permanente del dolor en nuestra vida varía según su intensidad en el momento del trauma, según la fase de desarrollo del sistema nervioso central y según la cantidad de apoyo que tuvo la persona en el proceso doloroso. Si se toman en cuenta todos esos factores, queda confirmado que los niños son los más susceptibles a ser heridos.

El dolor es un problema complejo. Cuando hay heridas, también hay enojo. Cuando hay enojo, hay vergüenza y sentimiento de culpa. Cuando hay vergüenza y sentimiento de culpa, hay temor, humillación, rechazo y depresión. Por eso, cuando una persona se siente herida, la «paralización del corazón» entraña más de un sentimiento. Es como un popurrí de muchas emociones diferentes que se unen en una sola.

El desarrollo de un yo falso

¿Cuál es la dinámica de los sentimientos paralizados? Algunos traumas se producen antes que el niño ni siquiera pueda reaccionar de manera consciente y contribuyen mucho a la acumulación de heridas en el corazón. Pero supongamos que el chiquillo ya puede razonar. Digamos que Juanito se hace una herida. Comienza a llorar y corre hacia su papá. «¡Papá! ¡Me he herido! ¡Me he hecho daño!»

El papá responde: «Juanito, no llores. Los niños no lloran. ¡Aprende a ser hombre!»

Juanito obedece. Se seca las lágrimas y trata de sonreír para complacer a su papá.

Sin embargo, ¿qué hizo en realidad? Negó su dolor. Recibió de su padre el mensaje que no debía sentir dolor. Aprende a dejar sus heridas en el subconsciente. Aprende a suprimirlas.

Juanito reprime el dolor, que es su verdadero yo. Y desarrolla un falso *yo* sonriente, de disimulo, para ocultar el yo herido.

En cierto sentido, todos tenemos un punto íntimo herido. Es un lugar que nadie conoce más que uno mismo. Es un lugar que, a las tres de la mañana, quizás asome la cabeza en un sueño. Es un lugar que a veces nos hace, de forma inexplicable, reaccionar con exageración frente a ciertas circunstancias.

En vez de analizar esa «frontera definitiva» en nuestra alma, desarrollamos un poderoso yo tan falso para salir del paso, que nos ponemos como una máscara dondequiera que vamos. No dejamos que nadie la vea, ni siquiera nos atrevemos nosotros mismos a hacerlo. Y lo que es peor, transferimos ese falso yo a nuestros hijos.

Cuando mi familia dejó las Bahamas para que yo pudiera trabajar en Washington, D.C., mi hijo David dijo: «Papá, me siento triste por tener que dejar nuestra casa junto al mar. Echaré de menos la isla».

A la defensiva, le contesté: «David, no estés triste. ¡No, no! Washington es muy agradable. Allí hay museos, edificios históricos... Nos gustará Washington».

En realidad, le estaba diciendo: «David, no te sientas así porque haces que tu papá tenga que enfrentarse con su propia tristeza. Y papá no desea hacerlo».

Debí decir simplemente: «Lo sé, hijo mío. A mí también me duele. También echaré de menos nuestra casa en Nassau. Créeme, me siento como tú».

De corazón a corazón

A medida que crece el valor de explorar mi verdadero yo, de sentir su dolor y de enfrentarme con sus causas, voy aprendiendo que estoy en mejores condiciones para ayudar a que otros se quiten sus propias máscaras y entren en contacto con su dolor congelado. Solo si exploro mi propio corazón puedo llegar hasta el de mis amigos, el de mi familia y el de mis pacientes.

El corazón es el centro de nuestro ser. Es la parte de nosotros en la que convergen todos los aspectos de nuestra personalidad; el intelectual, el espiritual, el social, el cultural. En el corazón se almacenan todas nuestras heridas y todo nuestro dolor. También es el lugar que conserva nuestro amor y nuestras aspiraciones. Es muy importante que nos demos cuenta de que, si bien todo corazón es único y particular, también es universal.

Aunque nuestros problemas son muy diferentes, todos tenemos un corazón herido. Todos empleamos diversos métodos para tratar nuestras heridas. Algunos nos volvemos adictos al alcohol y otros se aíslan o sencillamente rechazan a la sociedad. Otros, en cambio, se pierden en las relaciones, las posesiones materiales o en la búsqueda de logros profesionales. Aunque nuestros problemas son variados, el denominador común es que estamos heridos.

Lo que he aprendido acerca de mis heridas tiene mucha relación con mi falso yo y con los seudodioses que introduzco en mi corazón. Tiene mucho que ver con las defensas que desarrollo y con ciertas verdades universales que se aplican a todas las personas heridas.

Las personas heridas hieren a las demás

Como aprendimos en el caso del niño que tiró el biberón al suelo, las personas heridas se hacen daño a sí mismas y a los que aman. ¿Por qué lo hacen? Porque el dolor está congelado en el corazón y la única forma de poder expresarlo es hiriendo de nuevo. Por ello, algunos padres destruyen a sus hijos y algunos hijos destruyen a sus padres. Algunos esposos destruyen a sus esposas y algunas esposas destruyen a sus esposos.

Si no solucionamos los problemas que llevamos dentro, ellos mismos nos han de dirigir a dañar a otros. O les damos solución al dolor y a las heridas ocultas o lastimaremos a los que nos rodean. A veces lo manifestamos en la vida, pero también se puede hacer por medio del suicidio o de otros medios de destrucción propia. Permíteme ilustrarlo.

Carol es una atractiva mujer que creció junto a un padre alcohólico. Violento de palabra y obra, fue como un tirano y trató con crueldad a la madre de Carol. Esta describió su infancia y su adolescencia como una pesadilla. Dijo que nunca sabía si su padre iba a llegar borracho o sobrio. Incluso en estado de sobriedad, era terrible con la familia.

Debido a las experiencias que tuvo durante el crecimiento, Carol determinó no casarse con alguien como su padre. Deseaba por encima de todo tener un hogar y una vida familiar basados en el amor y la comprensión. De joven dejó la casa para ir a trabajar. Se dedicó mucho al trabajo y pronto comenzó a cosechar éxitos. Con el paso del tiempo, conoció a un joven y, después de un período de noviazgo, se casaron. Al poco tiempo, el esposo comenzó a embriagarse y a maltratar a Carol.

El matrimonio se fue desmoronando a medida que el esposo se volvía cada vez más violento. La vida de Carol era terrible. Se dio cuenta de que, aunque había querido que no fuera así, se había casado con alguien muy parecido a su padre. Además, la estaba maltratando como su padre lo hiciera con su madre. La sicología llama a ese fenómeno compulsión repetitiva. Repetimos el dolor pasado para conseguir un cierto sentido de dominio sobre el mismo.

Relacionada con esa realidad, yace la táctica de transferir el dolor a los que quizás son menos fuertes que nosotros. Si los padres no curan sus propias heridas, de manera inevitable transferirán su dolor a sus hijos. Los padres nos hemos negado a enfrentarnos con nuestro dolor y, como resultado de ello, educamos hijos que ahora se ven obligados a ocuparse de nuestro pasado en vez de descubrir su propio corazón. Muchos de nosotros nunca aprendimos a enfrentarnos con nuestra propia realidad puesto que pasamos la vida tratando de solucionar los problemas de nuestros padres.

Nuestros hijos no necesitan nuestro dinero. No necesitan disfrutar de la gloria de nuestros éxitos. Necesitan nuestro corazón, un corazón transformado, un corazón que ha ido cambiando gracias al esfuerzo hecho por solucionar sus heridas. Entregarle a mi hijo mi propio corazón sobre el que me he esforzado con honestidad y esmero, y con ello motivarlo a que se esfuerce a trabajar en su propio corazón, genera valor y confianza; es el mayor don que, como padre, puedo entregarle.

Después de una conferencia a un grupo de médicos, hablé con uno de ellos.

—Durante su presentación, me vino a la mente un recuerdo doloroso —me dijo uno de ellos—. Recordé a mi padre dándole patadas a mi madre cuando yo apenas tenía cinco años. Fue terrible. Él le gritaba y mi madre lloraba mucho. Lo recuerdo con mucha claridad. Recuerdo que también la golpeó cuando yo tenía siete y ocho años. Tenía tanto miedo y me sentía tan desamparado, que temblaba y deseaba poder defender a mi madre, pero era demasiado pequeño. Decidí, ya a esa edad tan temprana, que cuando creciera, nunca iba a tratar así a mi esposa. Pero al escuchar su conferencia, de repente me di cuenta de que me he violentado mucho y que le he estado gritando a mi esposa.

Al mirarle el rostro, pude ver que estaba examinando su alma.

—¿Y qué le dice todo esto? —le pregunté.

—Que la ira se puede manifestar sin violencia física —me respondió—. Ahora veo la conexión, de alguna manera estoy cargando con el dolor de las heridas de mi padre. Estoy haciendo lo que, como niño, decidí que nunca iba a hacer.

Las personas heridas se hieren a sí mismas y a los que aman.

Las personas heridas temen al amor

Donde esperábamos amor cuando niños, recibimos dolor. Por eso, en nuestro corazón jugamos a: si evito el amor, evito el dolor. Pero seguimos anhelando el amor. Por esa razón jugamos a «acercarme y evitar» el amor.

En nuestra cultura tenemos una disfunción alarmante en cuanto a la intimidad. En un sentido, nos aproximamos el uno al otro, pero no queremos quedar atados. Por ello creamos una distancia, nos sentimos abandonados y luego deseamos acercarnos de nuevo. Es como los puerco espines cuando hacen el amor: queremos acercarnos lo suficiente para disfrutar del calor, pero no demasiado como para que quedemos enredados. En consecuencia, los hombres y mujeres en la actualidad encuentran muy difícil entender qué quiere decir comprometerse en amor.

Las personas heridas proyectan su dolor hacia los demás

Las personas heridas atraen y luego atacan. Sin duda que esta es una de las fuentes del racismo. Las personas tienen la capacidad de proyectar sus propias heridas a alguien que consideran inferior. Al atacar la debilidad del otro, se sienten mejor respecto a sí mismos.

Vemos la misma dinámica en las relaciones entre el hombre y la mujer. Puedo aislar mi insuficiencia y atribuírsela a mi esposa. Puedo decir: «¡Mujer estúpida!» Pero de hecho, ella pudiera (o debiera) responder: «David, estás proyectando en mí la parte estúpida de ti. Llévatela, no la quiero».

Las personas heridas se vuelven adictas

Examinaremos este tema con más detalle en otro capítulo. Baste decir por ahora que cuando nuestro corazón está herido, ciertas sustancias o actividades sirven de anestesia. Algunas personas usan drogas, otras el trabajo, otras el sexo. En cualquier caso, la adicción es un problema que va aumentando. Al usar el anestésico para disminuir el dolor, tenemos que tomar dosis cada vez mayores porque vamos desarrollando tolerancia. En última instancia, la actividad que se emprende para solucionar el problema del dolor crea más dolencia; a veces, dolores peores. Donde hay cualquier adicción, siempre hay dolor.

Las personas heridas tienen márgenes defectuosos

Las personas heridas viven en una esfera de codependencia en la que unos márgenes borrosos generan un problema permanente en cuanto a poder mantenerse conectados. En el caso de los codependientes típicos, sus heridas están ocultas en el interior y el problema de cualquiera de ellos se convierte en el problema de todos. A fin de evitar tener que enfrentarse con el dolor personal, el codependiente se enfoca en el problema de otro. Eso es lo que hizo Carmen en el caso de su trastornada hija. El problema no radica en la otra persona, el problema radica en el corazón herido.

Las personas heridas no tienen espacio en su corazón

El corazón es como una esponja que se va llenando de dolor y al poco tiempo ya no queda espacio para amar. Con el paso del tiempo, al permitir que aumente el dolor que llena nuestro corazón, ya no nos queda espacio para nada más. Ya no podemos ver belleza o amor de ninguna forma.

En el mismo sentido, a menudo escucho a personas que hablan de sentirse vacías. Un ministro me dijo: «¿Sabe? Solo hago las cosas por rutina. Ya no siento nada».

Un político me manifestó: «Entré en la política para ayudar a las personas, pero ahora ya no significan nada. Puedo estar entre ellas y escucharlas, pero no siento nada. Ya no tengo ningún interés por ellas».

Así descubrimos que en nuestra sociedad se está desarrollando el síndrome del robot, que se manifiesta en la adicción, la depresión, la falta de pasión, la falta de energía, el temor a la cercanía, la represión de lo bello.

Las personas heridas se vuelven a dioses falsos

Cuando Carmen acudió a verme para hablarme de su hija, estaba a punto de destruir su vida por no atender sus propias heridas. En vez de enfrentarse con el dolor del pasado, enfocó la atención en su hija; en su vida, sus problemas y sus fallos. Aunque era una opción deplorable, era la forma que tenía Carmen de eludir su dolor particular.

En el mundo de hoy, hay un sinnúmero de opciones con respecto al único Dios verdadero. Hay adicciones. Hay sobre todo la fijación en uno mismo, eso que se llama narcisismo. Hay también el materialismo; el deseo de centrarse en el inundo visible, tangible, en vez de hacerlo en la esfera invisible y espiritual. Los dioses falsos pueden ser personas, cosas, sustancias, problemas o estilos de vida.

Cuando establecimos que en la vida de Carmen había un falso dios, mi trabajo con ella resultó, en última instancia, satisfactorio y con éxito. El resultado fue que pudo restablecer su fe. Eso, a su vez, le dio valor, consuelo y confianza frente a los problemas con su hija. Años más tarde, fue a verme para decirme que su hija se había normalizado y que estaba llevando una vida llena de significado.

El tema de las deidades es predominante en la sicoterapia de la conducta. Parece que cuando las circunstancias nos agobian más allá de nuestro control, los humanos tenemos una fuerte tendencia a invertir en nuestros problemas una energía sicológica tan grande que ellos usurpan el lugar de Dios en nuestra vida. Eso produce deshumanización y falta de significado en la vida. Partiendo de la base de que los seres humanos tienen esa fuerte propensión a rendir culto a algo, en las páginas que siguen espero demostrar que, o escogemos postrarnos en adoración ante Dios, el Santo Totalmente Otro, o damos culto y servimos a los seudodioses de la cultura moderna, que acaban esclavizándonos.

El resultado final de postrarse ante seudodioses, que no son más que imágenes proyectadas de nosotros mismos, es que nos fusionamos con ellos y se convierten en parte nuestra. Como por definición, Dios es omnisciente y todopoderoso, una vez que nos hemos divinizado a nosotros mismos, tenemos que llevar la carga de tratar de saberlo todo y de tener el control de todo. Eso significa tratar de pelear cada batalla, ganar toda discusión y asumir el control de toda situación. Qué responsabilidad tan enorme, improbable y vana. Cansados y exhaustos, acabamos viviendo a la defensiva, haciendo estragos en nuestra propia vida, destruyendo a nuestra familia y viviendo por debajo de la potencialidad que Dios ha querido que alcancemos.

2

LA CREACIÓN DE UN SEUDODIOS

Me encontraba caminando por las montañas de Colorado, cerca de *Cottonwood Pass,* cuando me encontré con una encantadora pareja inglesa. Después de saludarnos, hablamos de nuestro asombro ante la belleza de las montañas con sus cimas nevadas, que se perfilaban con nitidez en contraste con un esplendoroso cielo azul. Aunque acabábamos de conocernos, parecía que éramos viejos amigos. Embelesados ante la grandiosidad de las montañas, nos encontramos reflexionando acerca del significado de la fe y de la existencia de Dios.

El esposo comentó que era agricultor en Lancashire, Inglaterra. Agregó que las variaciones de las estaciones y la influencia determinante del clima le habían enseñado paciencia y humildad; además de que le hizo creer en un poder mayor que él. Ese día, la majestuosidad de las montañas le resultaba —como a todos nosotros— un testimonio de la existencia de una realidad trascendente.

La naturaleza tiene su manera de ponernos frente a una sensación de insuficiencia propia y a una Presencia más allá de nosotros. El rabino Harold Kushner comenta en su libro *Who Needs God* [Quién necesita a Dios]: «Cuando visitamos un zoológico, los adultos por alguna razón nos sentimos irresistiblemente atraídos hacia los animales más poderosos, como los leones, los tigres, los elefantes y los gorilas». Y agrega: «Sin darnos cuenta de que, por alguna razón y de alguna manera, tratamos de tranquilizarnos con la contemplación de criaturas mayores y más fuertes que nosotros. Nos transmiten un mensaje especial, que humilla y consuela a la vez, de que no somos el poder máximo. Nuestra alma tiene tanta hambre de ese sentimiento de temor, de ese encuentro con la grandeza, que nos ayuda a recordar cuál es nuestro verdadero lugar en el universo; algo que si no lo podemos conseguir en la iglesia, lo buscaremos hasta encontrarlo en algún otro lugar».[1]

¿Rendir culto a la criatura o al Creador?

Los seres humanos somos religiosos y, a menudo, la búsqueda de lo trascendente conduce a una vida más útil. Paul Tillich afirmó que la búsqueda de un significado concluyente es el tema central de la existencia humana.[2] Para dar un paso más en esta línea de pensamiento, lo que consideremos como nuestro interés definitivo, eso es lo que adoramos.

Al pueblo hebreo Dios le ordenó: «No tengas otros dioses además de mí» (Éxodo 20.3). Muchos de nosotros tenemos cierto sentido de lo trascendente y formamos parte de una tradición religiosa determinada. Pero el ritmo acelerado de la vida y las múltiples exigencias que se nos imponen, erosionan nuestro fervor y nos volvemos laxos en nuestra vida de fe.

En el Nuevo Testamento se nos advierte que cuando las personas conocen a Dios pero no le rinden culto y no viven con gratitud, se les distorsiona el pensamiento. Como consecuencia, acaban adorando a la criatura más que al Creador (Romanos 1.21).

Esto se pudiera llamar «pensamiento pestilente», expresión que se emplea en Alcohólicos Anónimos, y que significa que la negación hace posible no prestar atención a problemas graves de nuestra vida y creer que tenemos el privilegio de beber en exceso, sin asumir responsabilidad por las consecuencias. Esta forma distorsionada de pensar se manifiesta en aforismos como: «Soy lo que hago». «Soy lo que siento». «Soy lo que poseo».

Destrozados por lo imprevisto

La doctora Adrienne Jones era todo un éxito. Todo le salía muy bien. Tal como lo había previsto, se cumpliría su aspiración de llegar a tener una cátedra en una destacada facultad de medicina. Había realizado importantes investigaciones y escrito una gran cantidad de ensayos científicos. Estaba casi a punto de lograr la meta de su vida.

En el desarrollo de su carrera profesional, Adrienne mantuvo su fe cristiana en un segundo plano. No era fácil ser mujer en la implacable carrera académica. A veces tenía que trabajar hasta dos veces mejor que sus contrapartes masculinos, por horas y horas. Experimentó su parte de discriminación y rechazo, pero gracias a su arduo trabajo y brillantez innata se desempeñó muy bien.

Entonces sucedió algo inevitable. Fue a hacerse la prueba ginecológica anual y descubrió que tenía cáncer en el cuello del útero. Abrumada, consternada y furiosa, la doctora Jones se dio cuenta de que su mundo se derrumbaba. No esperaba semejante situación. Había tratado a centenares de pacientes e incluso vio morir a algunos, siempre con la certeza de que a ella no le podía suceder nunca.

Ante la repentina tragedia que se le presentaba, horrorizada, se aisló. No solo se vio obligada a dejar la vida académica, sino que quedaron destruidas sus esperanzas de formar una familia. Se enfureció con la vida y sobre todo con Dios. Pero a pesar de su ira, me dijo que lo único que le había quedado era Dios.

Algo en que creer

Aun cuando suena paradójico, a pesar del sufrimiento y de la ira contra Dios, sigue siendo posible tener fe y confianza en Él. En toda relación con significado, el enojo es una emoción normal y su existencia indica que hay conexión entre dos personas. Cuando nos enojamos con alguien, aunque no conozcamos bien a la persona, se da una conexión o relación automática entre esa persona y nosotros.

Fyodor Dostoievski expone en forma conmovedora este dilema de la fe en su libro *El idiota*. Un personaje se está muriendo de tuberculosis. Está enojado con un mundo que cree está sordo a su grandeza, a su hermosa alma, y sobre todo al gran servicio que pudiera haber prestado al género humano. En el lecho de muerte se debate entre creer en la nada por un lado, y la fe en la belleza y la bondad de la vida por el otro.[3]

La fe, según Peter Kreeft, entraña tanto creencia como confianza. La creencia es la parte intelectual de la fe. Por ejemplo, alguien pudiera decir: «Creo en la medicina». Pero la fe tiene también un componente emocional, de forma que agregaría: «Y también confío en mi médico».[4]

Como la vida está herida, todos vivimos con sentimientos dolorosos. La verdadera fe es ir más allá de esos sentimientos y de la ira, para confiar en un poder más alto que llamamos Dios: el significado conclusivo de la vida. Esta clase de fe la manifestó Job cuando dijo: «He aquí, aunque él me matare, en él esperaré» (Job 13.15, RVR60).

Esta clase de fe no se consigue con facilidad. Cuando nos encontramos con las tensiones de la vida moderna —incertidumbre económica, desintegración familiar y violencia— nos sentimos inclinados a crear nuestra propia realidad última como un medio para hacer frente a nuestro propio sentido de insuficiencia.

Como sicoterapeuta que he trabajado en diferentes partes del mundo, he descubierto que tanto las personas religiosas como las no religiosas tienden a crear seudodioses poderosos que los ayuden a superar las inseguridades particulares.

Cómo se forman nuestros falsos dioses

En la vida hacemos muchas cosas para evitar o minimizar nuestro dolor. Buscamos experiencias, objetos, situaciones o sustancias que nos proporcionen un sentido de suficiencia y bienestar.

Se ha dicho que el conocimiento del verdadero Dios es tanto un privilegio como una gran responsabilidad. Conocer a Dios exige cultivar una relación con Él por medio de la adoración, lo que significa colocar en primer lugar a Dios. La verdadera adoración no es una simple observancia religiosa. Adorar es centrarse de manera consciente en un esfuerzo continuo por someter todos los aspectos de la vida a la santidad y dirección soberanas de Dios. (Más adelante hablaré más acerca del significado de la adoración.)

Si nos negamos a someternos con gratitud a Dios, nuestra mente pierde el punto focal de la fe. Volvemos nuestros pensamientos hacia nosotros, y al hacerlo creamos seudodioses en el corazón. Como criaturas religiosas, si nos negamos a someternos al único Dios, al que llamo el Santo Totalmente Otro, tendemos a crear falsos dioses de nuestra propia cosecha y nos postramos ante sus altares.

Según Erich Fromm, un seudodios, un ídolo, representa un objeto de pasión fundamental, un anhelo de poder, de posesión o de fama.[5] Esta pasión interna, representada en el seudodios, se convierte en un valor supremo en la vida de la persona. Este proceso no está escrito en tablas de piedra o en cemento, y no siempre sigue el mismo orden. Pero me ha parecido útil para ayudarnos a entender cómo se van formando los seudodioses en nuestra vida.

Es de ayuda que nos demos cuenta de que los seudodioses los crean tanto los individuos creyentes como los no creyentes. Cuando las personas religiosas se niegan a desarrollar una espiritualidad y una fe verdaderas pueden llegar a verse rindiendo culto a dioses falsos.

No saber qué decir

Brian creció en una familia acomodada. Su padre era un próspero ejecutivo, y su madre, de muy buen corazón, mantenían una relación polarizada. No se amaban mucho, por esa razón su hogar era emocionalmente frío.

El padre de Brian trabajaba largas horas y cuando estaba en casa exigía mucho. Brian recuerda a su padre como un hombre duro, rígido y a menudo seco. En realidad, incluso ya adulto, cuando Brian recuerda a su padre, se pone tenso y se altera.

La madre de Brian era lo contrario de su padre. Era amable y comprensiva y, para Brian, era quien mantenía a la familia unida. Debido a lo distanciados que estaban sus padres, su madre se apegó mucho a Brian. Era su confidente y su apoyo. Quizá eso fue una forma de maltrato emocional, ya que en cierto modo Brian se convirtió para la madre en el sustituto del esposo.

De niño, Brian tartamudeaba mucho, a veces ni siquiera podía decir bien su nombre. Era débil, tímido y temía mucho fallarle a su riguroso padre. Al recordar el pasado, Brian cree que su padre lo amaba a su manera. Parece que pensó que, si era duro con Brian, el muchacho también llegaría a ser duro. Pero por alguna razón ocurrió lo contrario: Brian le fue teniendo cada vez más terror a su padre.

Por ejemplo, su padre no lo dejaba cortar el césped como los demás muchachos. Él le exigía que recogiera primero todas las piedras y los escombros para que luego, su padre, fuera el que lo cortara. Brian cumplía su tarea con diligencia. Revisaba el césped una y otra vez para recoger todas las piedras. Temía que su padre encontrara alguna piedra al cortar el césped y que se molestara mucho. Brian dice que después de recoger los escombros y las piedras del césped, se sentaba en la casa, lleno de miedo, esperando que la cortadora hiciera algún ruido raro por culpa de alguna piedra.

Cuando eso ocurría, el padre de Brian se enfurecía. Entraba corriendo a la casa, le hablaba con dureza y le exigía que volviera a hacer el trabajo. La manera rigurosa y perfeccionista de su padre dejaba a Brian temblando de temor. Sin duda, eso contribuyó a que tartamudeara.

La evolución de un dios falso

Primer paso: Sentimientos de insuficiencia

En el primer capítulo vimos que la vida está herida. Como consecuencia, todos tenemos un sentido profundo de nuestro propio dolor, de nuestras heridas y de nuestra insuficiencia. Claro que también tenemos componentes adecuados y, cuando decimos que la vida está herida, no queremos decir que no haya aspectos positivos en nuestra existencia. Sin embargo, al examinar nuestro corazón, nuestra vida y la de los demás, vemos que no solo la vida está herida, sino que también lo estamos nosotros.

Cuando se nos hiere en la infancia, nos protegemos reprimiendo nuestro yo herido; lo ocultamos con un «yo que hace frente a todo», un yo falso. El objetivo del yo falso es ocultar y proteger al verdadero yo. Conscientes del sentido crónico de insuficiencia que emana de nuestro yo verdadero, tratamos de aliviar el dolor y de crear un mayor sentido de suficiencia. El yo falso sale decidido a buscar cualquier cosa que prometa un sentido de suficiencia. Con la división entre el yo real y el yo falso, nos volvemos una casa dividida contra sí misma.

David, el rey filósofo del antiguo Israel, dijo que Dios ama la verdad en lo íntimo (Salmos 51.6). Dios, el Santo Totalmente Otro, siempre está con nuestro yo verdadero, con el yo herido. De ahí que, el que crea los seudodioses es nuestro falso yo para darnos una sensación de suficiencia. Estos ídolos nos hacen sentir poderosos, permitiéndonos encubrir todavía más nuestras debilidades e insuficiencias.

Un día, cuando Brian estaba en tercer grado, su maestro le hizo una pregunta en clase. Brian no pudo decir nada debido a su tartamudez, aunque sabía la respuesta. Pero se puso más nervioso todavía y siguió tartamudeando. Lo que es peor, vio que Tony, su mejor amigo, se estaba riendo de él. Brian se sintió destrozado. Tony era alguien en quien Brian confiaba mucho. Habían pasado mucho tiempo juntos y Brian pensaba que Tony debía entender cómo se sentía. Por eso cuando vio que Tony se reía de él, su herida se ahondó más.

Brian se sentía no amado e inseguro. Tenía miedo, no sabía cómo enfrentarse con el futuro. Ese sentimiento de insuficiencia es fundamental en el desarrollo de seudodioses. En general, encontramos que es demasiado difícil enfrentarse a alguna insuficiencia grave o parte herida en nosotros mismos. La formación de seudodioses es una defensa sicológica para tratar de solucionar la insuficiencia y el dolor, pero no resuelve de manera adecuada las necesidades espirituales de la persona.

Segundo paso: Un sentido de satisfacción

Brian siguió tartamudeando en la escuela secundaria, pero determinó superar ese problema. Se esforzó mucho y luchó para lograrlo. Llegó a la conclusión de que si conseguía triunfar en sus estudios, compensaría el tartamudeo. Ingresó a la universidad y se esforzó más que nunca. Cuando lo aceptaron en la escuela de Derecho, vio en ello su futuro, y se esforzó cada vez con más ahínco. Practicaba la pronunciación. Tomó cursos de comportamiento seguro y determinó en lo más íntimo que sería un muy buen abogado.

Por primera vez en la vida, Brian comprendió que si llegaba a ser un buen abogado y se le reconocía como tal, al fin se sentiría aceptado y valioso. Quizás incluso su padre se sentiría orgulloso de él. Obtuvo espléndidos resultados en la escuela de Derecho y consiguió un excelente trabajo en uno de los más prestigiosos bufetes de abogados del país. Se sintió realizado al destacarse en su profesión. Comenzó a tener confianza en sí mismo y ya no volvió a experimentar la insuficiencia que lo atormentara en la primera parte de su vida. Comenzó a sentir que había triunfado y me contó: «¡Me encanta!»

Parecía que la cantera de leyes era la respuesta. Cuanto más se esforzaba Brian por ser un buen abogado, más éxitos conseguía. Se sentía satisfecho con su vida. Su profesión era la puerta dorada que se le abría hacia la vida. Le hacía sentirse como alguien especial. Le proporcionaba un sentido de satisfacción y parecía prometerle la realización total de sí mismo.

Era natural que la sensación creciente de suficiencia resultara agradable. Por eso, al igual que Brian, convertimos a nuestros seudodioses en fines en sí mismos. Nuestros ídolos se convierten en nuestra razón de ser y le dan sentido a la vida. Desarrollamos una fijación poderosa. Proyectamos nuestras insuficiencias en nuestro ídolo y conseguimos el sentido de suficiencia que deseamos creer que nos proporcionará.

Nuestro falso dios pasa a formar parte de nosotros.

Ese sentido de fusión recuerda la temprana fusión entre la madre y su hijo. Nos vamos fusionando con nuestro seudodios, lo cual genera una sensación de unidad y participación total. Con eso llega el recuerdo eufórico.

Este término se usa en las situaciones de adicción, sobre todo entre adictos al *crack*. Significa que, independientemente de cuanto sufrimiento haya producido una droga, el adicto solo recuerda la poderosa euforia que la misma generó. Este recuerdo selectivo interpreta el pasado como positivo por completo y proyecta que el futuro traerá más de lo mismo. Ni se piensa en las consecuencias negativas.

A esas alturas, desarrollamos ilusiones de permanencia y de omnipotencia. Pensamos que el poder que hemos logrado durará para siempre. Atribuimos un control tan excepcional e ilimitado al objeto —nuestro ídolo—, que nosotros mismos nos volvemos menos importantes. En otras palabras, un ser humano, que según la ética judeocristiana ha sido hecho a imagen de Dios, ahora convierte en dios al objeto escogido.

Nuestro seudodios es nuestra pasión fundamental. Ahora nos sentimos adecuados, es decir, más completos. Nuestro falso dios se ha convertido en nuestro significado supremo, nuestro modo de actuar, nuestra esperanza. Hemos comenzado a reestructurar la realidad: vemos toda nuestra vida a través de los ojos metafóricos del seudodios.

Tercer paso: Un tiempo de seducción

Brian reconoció la nueva libertad que la carrera le proporcionaba, por lo que se entregó por completo a la práctica de la misma. Su suficiencia y su confianza estaban vinculadas a su reputación como abogado. En su caso, su papel como jurista lo era todo. Se esforzaba, sin descanso, en proteger su carrera. Trabajaba largas horas, a veces hasta toda la noche, estudiando casos. Tomó cursos especiales y leía con avidez para asegurarse de estar siempre al corriente de todo. Su tiempo en vela y hasta su sueño lo dedicaba a descubrir cómo podía mejorar e incrementar su éxito.

Brian me dijo que no salía con ninguna joven a no ser que la relación pudiera beneficiar su carrera profesional. Solo iba a las cenas que pudieran aumentar su práctica. Solo le interesaban las asociaciones que pudieran mejorar su reputación legal. Por fin se casó con una joven porque creyó que podía reforzar su carrera. Su reputación como abogado se había convertido en un poderoso seudodios. Se lo exigía todo y Brian, con gusto, se lo entregaba.

Al igual que Brian, nos puede seducir la esperanza de que nuestro seudodios nos proporcionara la realización final y completa. En consecuencia, sometemos todos los aspectos de nuestra vida a dicho ídolo. Esto nos lleva a limitar la realidad. El seudodios reina con omnipotencia en nuestro estrecho y pequeño mundo. En términos sicológicos, la constricción de la realidad implica negación y racionalización.

La negación es una defensa sicológica; es eludir o hacer caso omiso de aspectos concretos de una situación. La racionalización es escoger una excusa aceptable desde el punto de vista cognoscitivo y legítimo para participar en una forma de conducta específica. No toma en cuenta las razones reales o subyacentes para adoptar dicha conducta.

Tanto la negación como la racionalización son estratégicas para la creación de falsos dioses. Ambas distorsiones cognoscitivas se combinan para convertir al seudodios en un fin. Durante la fase de seducción, todos los aspectos de la persona están sujetos al seudodios. La persona interioriza al seudodios y este, a su vez, la absorbe. Por medio de la negación y la racionalización, la persona somete todo su ser a su ídolo.

Cuarto paso: Explotación personal

La carrera de Brian le absorbía todo su tiempo y energía. Se convirtió en un fin en sí misma. Como consecuencia, la vida de Brian era un medio para ese fin. El significado, la dignidad, la identidad y el valor de Brian consistían en ser un abogado de éxito. Brian se convirtió en lo que hacía.

En ese proceso, Brian era explotado como persona. Trabajaba muchas horas. No comía bien. Era esclavo de su reputación legal. No llevaba una vida equilibrada.

El sometimiento total a un falso dios es una experiencia que agota. Todas nuestras energías, ambiciones y pasiones las domina el deseo de poseer de forma más plena al seudodios o de agradarlo. Estamos esclavizados por él, somos movidos por él, estamos poseídos.

Cuando llegamos al estado de explotación, nuestro significado, dignidad, identidad y valor están ligados al seudodios. Esto es muy importante. Los seres humanos están hechos a imagen de Dios, por lo que Dios confiere a cada uno de nosotros significado, dignidad, identidad y valor: una «Identificación de autoridad propia». En el punto de explotación, hemos entregado nuestra identificación de autoridad al seudodios, y nuestro sentido del yo se ha reducido o destruido.

Como veremos en capítulos posteriores, rendir culto a un falso dios es narcisista en esencia. La persona da culto a un falso yo que es limitado; no es el panorama total de su condición de persona. Al enfatizar la parte inflada o hinchada del yo se disminuye a la totalidad de la persona. Esto, a su vez, conduce a una mayor explotación y deshumanización. La persona se vuelve dependiente por completo del seudodios. Como dijera Fromm: «En el sometimiento al ídolo o seudodios… encuentran la sombra pero no la sustancia del yo».[6]

Quinto paso: Derrumbe y abandono

Al final, se produjo el derrumbe de Brian. Era su gran oportunidad, el gran caso. Tenía que ganarlo. Se entregó por completo, tanto que se sintió muy cansado y exhausto. Esperaba con inquietud el veredicto del tribunal. Por fin llegó la fecha del juicio. Brian estaba en el consultorio del dentista para ciertos arreglos dentales cuando un colega del bufete lo llamó para darle la buena noticia de que había ganado el caso. Se alegró mucho y se sintió como si hubiera conquistado el mundo. Tenía una profunda sensación de satisfacción, de realización, de haber logrado algo muy grande.

Sin embargo, unas semanas después, se volvió a ver el caso debido a un aspecto técnico. Se revocó la sentencia. Cuando eso ocurrió, Brian se sintió afligido en extremo. Como su reputación legal era toda su vida, Brian se sintió abandonado y desesperado. No quería volver al bufete. Estaba furioso, amargado y deprimido. Incluso pensó en el suicidio.

Como último recurso para ayudarse a ponerlo todo en perspectiva, Brian decidió irse de vacaciones a una isla del Caribe. Sin embargo, al llegar se encontró que el huracán Hugo había asolado la isla. Se habían derrumbado edificios. Muchos árboles fueron derribados. Los escombros obstruían las carreteras. El hotel estaba en mal estado. Todo estaba patas arriba y Brian se molestó porque no se lo habían advertido a tiempo.

El caos de la isla le recordó el suyo. Su mundo se había derrumbado. Entró en una profunda depresión. El fundamento de su vida giraba en torno a su reputación legal, que ahora veía puesta en entredicho por haber perdido el caso. Su seudodios —su reputación y carrera como abogado— se había hecho añicos al perder el caso.

A medida que aumenta el poder del seudodios, nos va quitando nuestro yo esencial, lo que nos conduce a un proceso que poco a poco nos destruye. Como se nos sedujo para que viéramos al seudodios como la realización última, nos sometimos por completo, de modo que cuando la promesa del seudodios se desbarata, la persona se derrumba bajo la tensión. Eso quizá se deba al exceso de trabajo, al desengaño, al fracaso, a la enfermedad o a alguna otra tragedia personal. Un enfrentamiento repentino con la realidad derriba nuestros falsos dioses.

El falso dios nos abandona. Ese abandono es peligroso, ya que nos deja profundamente heridos, enojados y abrumados. Se quiebra la ilusión de un mundo de fantasía, por lo que nos sentimos totalmente perdidos. Reaccionamos con enojo o con una grave depresión que se manifiesta en destrucción propia. Cuanto más relacionada está una persona con su seudodios, más susceptible es al abandono cuando el dios se derrumba.

El caso de Brian demuestra el poderoso dinamismo que interviene en la formación de un seudodios. Su historia (que ampliaré en capítulos posteriores) ilustra cuán fácil nos resulta buscar en cosas, lugares, actividades, personas o acontecimientos, la compensación a nuestros sentimientos de insuficiencia. Al encontrar satisfacción en esas cosas, nos entregamos a ellas; y ellas, a su vez, comienzan a controlarnos.

Al fin, cuando se derrumba el edificio de cristal, nos vemos obligados a admitir que ya no podemos contar con el falso yo que pensábamos tener, y nos sentimos abandonados y hechos añicos. En realidad, Dios ha comenzado el proceso de sanarnos. Antes de examinar el amor que nos tiene, analizaré algunos de los incontables seudodioses que habitan nuestro mundo: los sentimientos, las relaciones, los objetos, el aspecto exterior, el dinero, las posesiones, las ideologías, los prejuicios. Un problema con el que nos enfrentamos o una meta que estamos tratando de alcanzar pueden convertirse en un seudodios. La dinámica siempre es la misma. Los seres humanos, hechos a imagen de Dios, tienen la capacidad de darle la condición de seudodios a cualquier cosa con la que tienen relación.

Una metáfora tomada del arte

Hace poco, mi familia asistió en *Broadway* a la presentación de *The Little Shop of Horrors* [La pequeña tienda de horrores]. La obra me pareció importante porque ilustraba algo de la dinámica de cómo se van desarrollando los seudodioses en nuestra vida.

La obra trata de un joven que trabaja en una florería. Es un perdedor. Es un fracaso en el trabajo. En cierta ocasión, una joven se enamoró de él, pero no supo responder a su amor debido a la poca estima que tenía de sí mismo y a la terrible imagen de su propio yo.

Desalentado y a punto de perder toda esperanza respecto a sí mismo, se va a Chinatown y se compra un regalo; algo que un anciano chino describe como una planta mágica. Se la lleva a la florería donde trabaja, pero no crece. Al ver la planta en esas condiciones, el joven confirma su idea de que es un fracaso.

Un día, mientras trabajaba cerca de la planta, se punza un dedo en forma accidental y la sangre que le sale cae en la planta. De repente, la planta comienza a reverdecer y a desarrollarse de manera acelerada. Al parecer, la planta se alimenta de sangre, de modo que el joven le va dando más de su sangre.

La planta crece frondosamente y se convierte en todo un éxito en la tienda. Vienen de todas partes para verla y de la noche a la mañana el joven triunfa. Se vuelve valioso para el dueño de la tienda. Le van dando un aumento tras otro. Está ganando mucho dinero, todo gracias a la mágica planta.

Entre tanto, cada día la planta requiere mayor cantidad de sangre para prosperar más. El joven tiene que dársela para que florezca. Y lo hace; cree que vale la pena puesto que la planta le ha traído fama, riqueza, éxito y poder.

Sin embargo, surge el dilema cuando el joven se va debilitando. Pero la planta mágica sigue diciendo: «Necesito más». En realidad, las palabras que musita la planta son: «Aliméntame, aliméntame». El joven reconoce que se acerca el fin porque le está dando demasiada sangre. Desesperado, viola su sistema de valores y mata a un dentista (que lo había tratado algo mal) y utiliza la sangre del mismo para alimentar la planta.

No obstante, la planta no se da por satisfecha y pide más sangre. La obra concluye con la muerte del joven por la tanta sangre que la planta le exige.

¡Cómo representa eso a nuestros seudodioses! En esencia, damos nuestra sangre para apoyar el apetito insaciable de los ídolos que adoramos.

Un caso típico de seudodios

Hemos visto la historia de Brian, y hemos analizado la poderosa metáfora de *The Little Shop of Horrors*. Veamos ahora un relato mucho más conocido de un seudodios. No hay que leer entre líneas cuando recorremos el antiguo relato de Moisés y el becerro de oro que se narra en Éxodo 32.

Al patriarca hebreo Moisés lo escogió Dios, para que sacara a Israel de la esclavitud de Egipto. Una vez liberado de Egipto el pueblo se dirigió, a través del desierto, hacia la tierra prometida. A Moisés, su líder, Dios lo llamó para que pasara un tiempo en meditación y oración, de modo que recibiera el plan teocrático para el desarrollo de la nación.

La tarea de Moisés era sagrada e importante. ¿Cómo se podía liberar al pueblo sin leyes fundamentales que dirigieran la formación de la comunidad? Así Moisés, llamado por Dios para que acrecentara el desarrollo de su pueblo, ascendió a la montaña para recibir la ley: los Diez Mandamientos.

Como Moisés se demoraba, el pueblo comenzó a sentirse atemorizado e inquieto. Sin su líder, el viaje no tenía sentido. El pasado era confuso, el presente parecía incierto y el futuro resultaba por completo imprevisible. Al sentirse incapaz e inseguro, el pueblo anheló tener un dios. Sin la capacidad de dejar para más tarde la satisfacción de ese anhelo, o de consolarse con las importantes experiencias pasadas, se enojaron. Fueron a Aarón para pedirle que les hiciera un dios que los guiara.

Al igual que nosotros, deseaban tener un dios que los pusiera en relación tangible con una realidad trascendente; deseaban algo que pudieran ver y tocar para que su viaje tuviera sentido.

Una vez más, un principio clave en la formación de seudodioses es que los seres humanos están hechos a imagen de Dios y, por lo tanto, tienen la capacidad de conferir a cualquier cosa la condición de dios. Una de las tentaciones del huerto del Edén para Adán y Eva fue cuando escucharon que, una vez que comieran la fruta prohibida, serían como dioses.

Aarón, en respuesta al clamor del pueblo, accedió a hacer un becerro de oro. Les pidió que le trajeran sus joyas de oro. Las fundió y moldeó un falso dios. Por desdicha, Aarón no ofreció resistencia. Cedió por completo ante el deseo de la gente.

Una vez concluida la estatua, la gente la adoró, bailando y cantando en torno a ella. Arrastrados por el jolgorio, incluso atribuyeron al ídolo, al seudodios del becerro de oro, la liberación de la esclavitud de Egipto. De alguna forma llegaron a apartarse de su pasión fundamental por el Dios vivo para centrarla en el becerro de oro. Su seudodios, aunque inerte y no trascendente en absoluto, recibió de sus creadores características sobrenaturales.

Cuando Moisés descendió de la montaña, se encontró al pueblo adorando al becerro de oro. Esa falsificación lo hizo rebelarse; él acababa de estar en presencia del Santo. Se enfureció e interrogó al pueblo en cuanto a sus lealtades. El resultado fue que muchos murieron cuando el campamento fue depurado de toda idolatría. Se restauró la adoración a Dios y se reconstruyó el altar.

Cuando los dioses se derrumban siempre hay mucho dolor, desencanto y, a menudo, desesperación. En este caso, Moisés depuró el campamento para sanar mejor el corazón. Luego la meta fue reconstruir el verdadero altar a fin de rendir culto al Dios santo.

Cómo reconocer a los falsos dioses

¿Cómo sabemos si estamos sirviendo a un seudodios? Esta es una pregunta fundamental que debemos responder.

Me parece que deben hacerse varias distinciones muy claras. Cuando adoramos al verdadero Dios, al Santo, seguimos una tradición, algo histórico revelado a nosotros. La línea maestra de la tradición judeocristiana tal como se revela en la Biblia es amar a Dios con todo el corazón, el alma y las fuerzas, y al prójimo como a nosotros mismos.

Los dioses falsos empobrecen nuestra vida

Adorar al verdadero Dios debiera enriquecer la vida ya que tiene un sentido de trascendencia, respeto por el valor inestimable de las personas y el desarrollo de la comunidad. Como resultado, se obtiene un equilibrio entre la realidad interior (la fe) y la expresión externa (la acción).

A diferencia de ello, al formar seudodioses se empobrece la vida. Falta la trascendencia, la persona se ve privada de significado, dignidad, identidad y valor; además, el genuino desarrollo del espíritu comunitario no se produce. Fromm dijo: «La formación del seudodios o idolatría conduce a la deshumanización de los seres humanos». Se realzan ciertos aspectos del ser humano, los que se proyectan y se atribuyen al ídolo. El culto al seudodios es narcisista en esencia y limita la relación yo-otro. Como resultado, genera la «sombra» y no la «verdadera» sustancia del ser humano.

Adorar a Dios, la realidad última, exige rendir culto al Santo Totalmente Otro o al Dios fuera del yo. En consecuencia, disminuye el narcisismo y desarrolla la condición genuina de persona y el espíritu de comunidad.

Los dioses falsos pervierten la adoración

La verdadera fe fundada en la adoración a Dios implica sensibilidad en la relación con los atributos de Dios. En la verdadera adoración hay armonía entre lo verdadero, lo hermoso y lo bueno. Una definición de belleza desde una perspectiva griega es «ver el esplendor de lo eterno en lo múltiple». Pitágoras mismo dijo: «Si uno quiere escuchar, puede oír el canto de las estrellas». Pero la formación de seudodioses distorsiona la adoración y trata de hacer que se tenga por lo máximo lo que no lo es.

En el verdadero culto a Dios hay perdón. La santidad no es ser bondadoso o sentir que uno lo tiene que hacer todo. Es que la bondad y la gracia de Dios se apoderen de uno. En otras palabras, conocer a Dios es saber qué significa ser perdonado. Esto contrasta con un perfeccionismo radical que a menudo conduce a un poderoso proceso masoquista y destructivo.

La formación de un seudodios es un capataz implacable. Exige la sumisión total del yo para que el seudodios pueda definir a la persona. No queda espacio para la verdadera persona. No hay misericordia, porque el falso dios exige obediencia total.

Los falsos dioses nos quitan nuestra libertad

El culto del Santo Totalmente Otro depende de una libre elección. No hay compulsión. Conocer a Dios es libre y liberador. Es una relación.

Por contraste, en *The Little Shop of Horrors,* el joven se ve compelido a dar su sangre a la planta. No puede salirse de la trampa. El culto del seudodios entraña compulsión. Y esa compulsión se apodera de la vida, tanto que controla a la persona.

Los falsos dioses pueden hacerse pasar por verdadera adoración

Vale la pena repetir que podemos crear un seudodios a partir de nuestra religiosidad. Conocer a Dios conlleva una perspectiva integrada y equilibrada. Pero cuando la religión se convierte en un seudodios, esa religión se vuelve un fin en sí misma. En consecuencia, se utiliza a las personas como medios para dicho fin. En vez de que la verdadera adoración conduzca al florecimiento del espíritu humano y al desarrollo del espíritu comunitario, la religión se vuelve un regreso narcisista al yo para procurarse satisfacciones.

La Biblia nos advierte que debemos evitar a los ídolos (1 Juan 5.21), enfatizando que se puede tener un conocimiento superficial de Dios sin compromiso genuino. Estoy convencido de que ciertos creyentes a menudo construyen seudodioses o rinden culto a imágenes proyectadas de sí mismos.

Aunque creemos en Dios, a menudo nos negamos a postrarnos ante Él. En vez de ello, desarrollamos tendencias narcisistas para rendir culto a imágenes proyectadas de nosotros mismos. Es como si colocáramos a Dios en una cajita y dijéramos: «Si quieres que me postre ante ti, debes operar dentro de esta cajita». Cuando se tambalea el seudodios de nuestra religión de fabricación humana, se rompe la cajita. Cuando eso sucede, nos sentimos abandonados. En ese momento, tenemos que postrarnos con humildad y ser sensibles al verdadero Dios. Entonces, y solo entonces, permitimos que Él nos salga al encuentro para sanarnos.

3

EL NARCISISMO: EL DIOS DE SÍ MISMO

C uando era adolescente, Joan disfrutó del placer de los elogios constantes. Admiraban mucho su belleza, su encanto y su inteligencia. Lo tenía todo. Alcanzó la plenitud entre los veinte a los treinta y cinco años, cuando toda clase de hombres la buscaban. La belleza era muy importante para Joan. Su estima propia y la confianza en sí misma dependían casi exclusivamente de su aspecto físico.

Joan se casó un par de veces, pero ninguna de esas relaciones duró mucho porque sintió que no era feliz. El fracaso de sus matrimonios no le causó mucha pena, sin embargo, ya que entrada en los cuarenta, todavía se veía muy solicitada debido a su aspecto tan exquisito.

Luego llegó el temido quincuagésimo aniversario. Para ese entonces, Joan había comenzado a envejecer. Estaba más que consciente de que se le estaba comenzando a aflojar la piel y de que algunas arrugas ya no se podían ocultar. Aunque se sometió a varias operaciones de cirugía plástica, los resultados de las mismas la dejaron muy decepcionada.

Si bien quienes la veían la encontraban todavía muy bonita, comenzó a sentirse fea y a tenerle miedo al envejecimiento. Y lo que es peor, Joan se sentía socialmente desorientada, ya que no era como antes, el centro de atención en reuniones o en otras actividades sociales. Consciente de que la belleza de la juventud estaba escapándosele de las manos, fue perdiendo confianza en sí misma, se fue aislando y deprimiendo. Perdió el gusto por la vida.

Un sábado por la noche, de visita en un exclusivo hotel, Joan trató de quitarse la vida con una sobredosis de pastillas para dormir. Durante toda su vida, su belleza se había convertido en obsesión; su aspecto externo era su seudodios. A medida que fue envejeciendo, su dios se fue desmoronando. Se vio obligada a enfrentarse con la realidad de lo que era.

El seudodios omnipresente de nuestra cultura occidental moderna es el narcisismo. Realzado con técnicas agresivas de mercadeo y reforzado por escuelas de sicología centradas en el ego, nuestra fijación en el yo es un soberano implacable. Nos esforzamos por conseguir el aspecto adecuado, la mejor salud, el trabajo más conveniente, la casa apropiada, la imagen perfecta. A pesar de eso, parece que nunca alcanzamos ese ideal.

Esto no quiere decir que no debamos procurar tener una imagen positiva de nosotros mismos. Pero cuando esa imagen, definida a partir de la apariencia, de la superioridad mental y del poder sobre los demás, se convierte en un fin en sí misma, nos vemos esclavizados por el narcisismo. Perfeccionar el yo se convierte en la razón de ser de nuestra vida.

El hermoso Narciso

Según la mitología griega, Narciso fue un hermoso joven de quien todas las ninfas se enamoraban y al que buscaban ansiosas de captar su interés. El arrogante y hermoso Narciso no les prestaba atención, absorto por completo en sí mismo. Un día, al contemplar su propio reflejo en un lago, se enamoró perdidamente de la imagen que el agua le ofrecía.

Obsesionado con su propia imagen, Narciso intentó —sin resultado— iniciar una relación con ella. Cuando trataba de establecer contacto, el agua se agitaba y la imagen desaparecía. Peor aún, al caer la noche, por más que suplicaba que permaneciera, la imagen del hermoso joven no respondía y desaparecía. Repudiado y triste, Narciso se fue deprimiendo cada vez más. Se fue marchitando a causa de su deseo insatisfecho, hasta convertirse en la flor que lleva su nombre.

La palabra *narcisismo* proviene de la leyenda griega de Narciso. En siquiatría, el narcisista es «un desorden de la personalidad que se caracteriza por una excepcional concentración y absorción en sí mismo, debido a fantasías que incluyen metas irreales, a una excesiva necesidad de atención y admiración, y a relaciones interpersonales distorsionadas».

En el lenguaje del sicoanálisis, el narcisismo es «una satisfacción erótica que nace de la admiración por los atributos físicos o mentales propios, y es una condición normal en el nivel infantil del desarrollo de la personalidad». El amor y la preocupación excesivos por el yo le hacen casi imposible tenderle la mano a los demás.

Según James Matherson, autor de *The Narcissistic and Borderline Disorders* [El narcisista y los desórdenes marginales], las características principales del narcisismo son: «grandiosidad, abstracción completa en sí mismo y falta de interés o empatía por otros, a pesar de que se les busca para conseguir su admiración y aprobación».

Stephen Johnson describe a los narcisistas como personas que «están demasiado ocupadas en demostrar su propio valor —o quizá sería más adecuado decir, en refutar su propia falta de valor— que no sienten el amor, el aprecio ni el disfrute en las relaciones humanas».

El desarrollo sicológico del narcisismo

El mundo actual promueve el narcisismo. Las presiones modernas en el hogar y la familia hacen que los niños tengan experiencias educativas inadecuadas, por lo que muchos de ellos en la actualidad desarrollan tendencias narcisistas en su personalidad. Cuando eso se combina con la valoración cada vez menor, por parte de la sociedad, de lo trascendente y religioso, innumerables hombres y mujeres son empujados hacia el altar del narcisismo.

El problema del narcisismo en la cultura moderna se puede percibir mejor a la luz del desarrollo sicológico de las tendencias narcisistas. Los dos factores principales en el desarrollo del narcisismo son una separación e individualización deficientes en la infancia y el trauma infantil.

Separación e individualización deficientes

El estilo de la personalidad narcisista proviene de la interrupción del proceso de separación e individuación. Como mencionara en el primer capítulo, una vez se corta el cordón umbilical, comienza el proceso de separación o individualización. Al narcisista se lo puede describir, en parte, como alguien que, de forma metafórica, conecta el cordón umbilical cortado en una persona o situación que satisfaga sus propias necesidades a costa de las de los demás. El punto más importante es: «¿En qué me puede ser útil?»

Examinemos brevemente el desarrollo inicial del niño. Es importante entender las diferentes etapas del desarrollo para poder entender cuáles son los orígenes de nuestros seudodioses. En realidad, en el curso de este corto repaso, quizá reconozca algunas pautas conocidas de conducta.

Del nacimiento a los dos meses. Durante los primeros dos meses después de nacer, el niño está en un estado narcisista autista o primario. En ese tiempo, el chiquillo solo responde a sus necesidades íntimas, no al ambiente externo. Como no tiene conciencia de la separación entre el yo y el mundo, experimenta un sentimiento de unidad con él, sin ninguna conciencia de sí mismo como entidad distinta. El niño utiliza el ambiente para satisfacer sus propias necesidades.

A medida que el pequeño recibe amor y contacto de la madre o de la figura materna, va desarrollando una sonrisa especial para quien lo cuida. Por sencillo que parezca, el antiguo refrán es muy verdadero: los niños necesitan amor.

La frustración ambiental en esa etapa, bajo la forma de una madre ausente o indiferente, o que lo rechaza, genera en el niño una regresión peligrosa hacia un estado narcisista primario. Este narcisismo pernicioso se asocia con el desarrollo de tendencias sicopáticas que conllevan poca culpa o vergüenza. Más adelante, el adulto puede herir a otros sin experimentar remordimiento o preocupación.

De dos a cinco meses. En este período simbiótico, el niño se va uniendo estrechamente a la madre. Él interioriza la presencia tranquilizadora de la madre para ir formando su propio ego. Una vez más, es fundamental que el proceso de unión no se interrumpa en esta fase, ya que de lo contrario pueden generarse problemas serios de conducta.

De seis a diez meses. A medida que avanza el desarrollo, el niño entra en el período de diferenciación. Por primera vez, adquiere conciencia de que hay una frontera entre él y su madre. La realidad lo obliga a dejar de lado la ilusión de que él y su madre son uno. Al perder su sensación de omnipotencia, el pequeño cae en un sentimiento de desamparo.

Si el desarrollo del niño se detiene en esta etapa, el sentido de desamparo puede perdurar hasta la edad adulta. Es por ello que el narcisista adulto trata de fusionarse con personas y cosas. Pretende ser dueño de todo lo que ve o desea. El resultado es una codicia intensa y una sensación de necesitar siempre encontrar satisfacción en algo fuera de sí mismo.

De diez a quince meses. En este período el niño ya se desplaza, se mantiene de pie y entra en la fase de la práctica. El entusiasmo que le genera su nuevo mundo y el deseo de explorarlo le producen una intensa curiosidad y menos necesidad de su madre. Cree que posee los poderes «mágicos» de su madre, por lo que se vuelve grandioso, omnipotentemente eufórico, y absorto por completo en sí mismo; todos rasgos del narcisismo.

Si se produce alguna perturbación en ese período, el niño queda anclado en esa fase hasta la edad adulta. Utilizará a los demás para hacer válida su ilusión de grandiosidad y omnipotencia.

De quince a veinticuatro meses. El niño entra ahora en la fase de acercamiento. En esta, se va alejando de la madre para ir explorando el mundo. Cuando se le agota el combustible emocional, toma conciencia de su separación de la madre. Como teme ser abandonado y siente su propia condición indefensa, regresa al calor y cuidado de la presencia de su madre. Una vez reabastecido, y deseoso de reafirmar su individualidad, se vuelve a alejar para repetir el ciclo.

En esa fase el chiquillo emplea tres defensas que se relacionan con el narcisismo. Si en algún momento se siente herido, esas tres defensas pueden mantenerse hasta la edad adulta.

En primer lugar, la grandiosidad y omnipotencia del período de práctica le dan al niño una sensación de invencibilidad y competencia. A menudo en el narcisismo adulto, la persona tiene una sensación inadecuada del yo y lo compensa desarrollando una falsa sensación de grandiosidad y arrogancia.

En segundo lugar, la idealización de la madre y la ilusión de poseer sus poderes «mágicos» se relacionan más tarde con una tendencia narcisista a idealizar a las personas. Esta tendencia a vincularse o fusionarse con personas o experiencias puede conducir a adicciones y obsesiones.

En tercer lugar, el niño en este período no sabe mantener percepciones contrastantes y simultáneas de sí mismo, por lo que separa su «yo» bueno del «malo». En el narcisismo, la persona separa las percepciones negativas y que no quiere aceptar de sí misma proyectándolas en otros. Además, comienza a desarrollarse el yo falso. Ya he descrito el proceso del yo falso y cómo se relaciona con el desarrollo de los dioses falsos.

De veintidós a treinta meses. El niño ingresa ahora a la fase de invariabilidad objetiva. En esta fase interioriza a la madre o figura materna que estimula el desarrollo de su identidad. Afirma su personalidad diciendo no, y tiene un sentido tanto unificado como realista de sí mismo y de quien lo cuida. El logro de este sentido del yo conduce a una buena tolerancia de la frustración, a una identidad clara y a la capacidad de sentirse cómodo con sentimientos dolorosos.

La interrupción en el desarrollo produce propensión a la frustración, una sensación deficiente de identidad y la incapacidad de enfrentarse con el dolor.

El desarrollo de un sentimiento saludable del yo requiere estabilidad, coherencia y que el ambiente del pequeño permita predecir. Con demasiada frecuencia, sin embargo, en familias disfuncionales, estos factores brillan por su ausencia, por lo que el niño no interioriza de manera adecuada con la madre. En su lugar, se genera en él un vacío interior que se manifiesta en hambre intensa de amor, concepto deficiente de sí mismo, poca tolerancia a las frustraciones y formación inadecuada de la personalidad.

Si no se satisfacen las necesidades iniciales de seguridad, el niño desarrolla tendencias narcisistas cada vez mayores, y siente que nunca consigue suficiente amor o atención. Por eso seguirá tratando de utilizar a otros para satisfacer sus necesidades, dando muy poco a cambio. Como adulto, no sabrá mantener relaciones duraderas, desarrollará una falsa imagen de sí mismo y pudiera resultar muy susceptible a adicciones.

El trauma sicológico en la infancia

Se sabe que el niño, en el proceso de desarrollo, es susceptible a las tensiones y presiones de su ambiente. Cuando se siente angustiado ante pérdidas, rechazos o maltratos (físicos, sexuales o emocionales), se encierra en sí mismo. Al no poder hacerle frente al dolor, reprime el verdadero sufrimiento y desarrolla un falso yo.

Es importante que estemos conscientes de que al niño también se le puede traumatizar con excesos de indulgencia. Cuando se le da demasiado, desarrolla un sentido narcisista de derecho. Comienza a creer que la vida se lo debe todo. En realidad, esto no es verdad, de modo que con el tiempo el niño se sentirá mortificado, decepcionado a tal punto que lo que cree es su derecho se convertirá en desesperación y depresión narcisistas.

Cómo ponerse en primer lugar

El narcisismo en el mundo de hoy se manifiesta en la regresión hacia formas infantiles de pensamiento ético y conducta peculiar. En términos sencillos, el narcisismo ético da a entender lo siguiente:

- «Me pongo en primer lugar».
- «Todo para mí».
- «Me duele que te haya ocurrido, pero me alegra que no me pasara a mí».
- «Hay que hacer lo que uno quiera».
- «Lo hice a mi manera».

En esta misma línea de pensamiento, la conocida actitud narcisista que se llama hedonismo ético, quiere decir:

- «Consigue todo el placer que puedas».
- «Come, bebe y alégrate».
- «La vida es una fiesta».
- «Hoy por ti, mañana por mí».

La filosofía narcisista moderna ha penetrado también en la iglesia con la predicación del evangelio de la prosperidad: Sirva a Dios y será rico, saludable y próspero. Cuánto contrasta esto con el Cristo que experimentó la cruz, el crisol del sufrimiento, aun cuando sirvió con fidelidad a Dios.

También la sicología, si bien promete ayudar a que la persona se realice a sí misma, llega a excusar el centrarse en el yo. Eso hará que la persona se vuelva más egoísta, centrada en sí misma e incapaz de identificarse con otros. La verdadera realización de sí mismo debiera siempre conducirnos a salir de nosotros mismos.

En política, los que ocupan puestos quieren perpetuarse en el poder, llevándolos a actitudes de insensibilidad e indiferencia hacia otros y también a la exaltación de ellos mismos. Solo algunas personas especiales siguen por años en el poder sin sucumbir al maligno narcisismo, que se manifiesta en celos y parcialidad mezquinos.

A medida que las madres y los padres le van rindiendo culto al narcisismo, la capacidad de sacrificarse, de compartir lo propio y de vincularse a la comunidad se convierten en un fenómeno que está desapareciendo con rapidez. Cuando los padres viven y predican «Lo hago a mi manera», los hijos siguen el ejemplo y viven según este principio. El resultado final es discordia y deshumanización.

Pensemos en la joven madre, disfrutando sola en la playa. Decidió que «le gustaba el ambiente de la playa», de manera que dejó a su esposo y a sus dos hijos pequeños, se fue a un paraíso tropical y prefirió vivir en la playa para divertirse.

Cuando le preguntaron por qué lo había hecho, solo dijo: «Lo necesito. Lo estoy haciendo por mí. Yo tengo también derecho. He dejado que la vida pasara de largo. Ya es hora de hacer las cosas a mi manera».

Quizás la filosofía narcisista prevaleciente lo que ha destruido más es la familia. Alienante, egoísta y destructiva, causa estragos en los mejores hogares, destruyendo relaciones, produciendo toda clase de maltratos y fomentando todavía más la proliferación de tendencias narcisistas en la cultura.

Hacia una perspectiva adecuada

La tradición judeocristiana afirma que las personas son hechas a imagen de Dios, de lo cual proceden nuestro significado, dignidad, identidad y valor inherentes. Los seres humanos tienen también capacidad cognoscitiva, conciencia de sí mismos y libertad de elección. Sobre todo, tenemos la potencialidad de relacionarnos con Dios, el Santo Totalmente Otro.

Gerald May, un colega siquiatra, lo describe así: «Después de escuchar por veinte años los anhelos del corazón de las personas, estoy convencido de que todos los seres humanos tienen un deseo innato de Dios. Tanto si son conscientemente religiosos o no, ese deseo es nuestro anhelo más profundo y nuestro tesoro más precioso. Da significado a nuestra vida».[1]

Así pues, la *imago Dei* significa que los seres humanos poseen un espacio para Dios, o lo que llamo un vacío trascendental, que solo puede llenarlo Dios mismo. Como dijera San Agustín en el año 400 de nuestra era en sus *Confesiones*: «Nos has hecho para ti, y nuestro corazón no descansa hasta que repose en ti».[2]

Es esa inquietud o anhelo narcisista lo que empuja a los seres humanos a buscar satisfacción por medio de dioses falsos. Aunque hemos sido hechos a imagen de Dios, tenemos defectos. Y el concepto de ser defectuosos va contra la imagen positiva y deseada de nosotros mismos.

Bruno Bettelheim describió esa naturaleza defectuosa al analizar la obra de Freud: «Freud cuestionó algunas creencias muy arraigadas, tales como la perfectibilidad ilimitada del hombre y su bondad intrínseca. Freud hizo que nos diéramos cuenta de nuestra ambivalencia y de nuestro arraigado narcisismo, que se origina en un infantil egocentrismo, y nos mostró la naturaleza destructora del mismo».[3]

La dicotomía entre la imagen buena de uno mismo y la naturaleza humana defectuosa nos ha vuelto cínicos y ha generado una crisis de fe en la naturaleza humana. La ex primera ministra Margaret Tatcher, hablando en la Conferencia de Jefes de países de la Mancomunidad Británica en las Bahamas, en octubre de 1985, dijo que en su época de estudiante en Cambridge se creía que si los gobiernos proporcionaban una educación satisfactoria, una buena atención médica y un elevado nivel de vida, quedarían resueltos todos los problemas sociales y las personas convivirían amigablemente unas con otras.

Sin embargo, agregó, la vida no es así, porque todavía nos quedan el problema de la naturaleza humana, el problema de los estupefacientes y el deseo absorbente de alcanzar el poder a cualquier costo. Nuestra tarea principal es ocuparnos de los problemas de la naturaleza humana, de la dificultad de convivir unos con otros.

Las Escrituras contienen una observación interesante acerca de las características de una época definida que tiene un sospechoso parecido con el narcisismo actual. El apóstol Pablo le escribió al joven Timoteo:

Ahora bien, ten en cuenta que en los últimos días vendrán tiempos difíciles. La gente estará llena de egoísmo y avaricia; serán jactanciosos, arrogantes, blasfemos, desobedientes a los padres, ingratos, impíos, insensibles, implacables, calumniadores, libertinos, despiadados, enemigos de todo lo bueno, traicioneros, impetuosos, vanidosos y más amigos del placer que de Dios. Aparentarán ser piadosos, pero su conducta desmentirá el poder de la piedad. ¡Con esa gente ni te metas!

1 Timoteo 3.1-5

A medida que analicemos nuestra inclinación humana a crear falsos dioses, veremos que aun cuando el narcisismo —el estar excesivamente absorto en el yo— es un dios falso en sí, también es un factor que contribuye a crear todos los otros seudodioses: el conformismo, el materialismo, el sentirse bien, el ser especial. La lista se va haciendo más y más larga. Pero la pregunta clave es muy sencilla: «¿A quién decides servir?»

Consideraremos las posibilidades en las páginas siguientes.

«No tengas otros dioses además de mí».
—Éxodo 20.3

LA CONFORMIDAD: EL DIOS DEL ACOMODAMIENTO

Darrell tenía cinco años cuando su padre le ordenó que no fuera al patio del vecino. Cuando oyó que sus amigos se divertían en la casa del vecino, no pudo resistir la tentación y saltó la cerca para ir a reunirse con ellos. Cuando el papá se enteró, se enfadó muchísimo.

Castigó a Darrell encerrándolo en la casa mientras él y su esposa iban de compras al supermercado. Darrell tuvo miedo. El corazón le latía aceleradamente. Pensó que sus padres ya no volverían más y se puso a gritar. Se sintió abandonado y espantado, no sabía qué hacer. Fue una experiencia terrible. En su cabecita infantil pensó que lo habían abandonado para siempre. Se sintió rechazado, convencido de que sus padres no lo querían.

Darrell tiene ahora cuarenta y cinco años, es médico. Hasta la fecha, esa experiencia sobresale en lo que él llama su «senda de dolor». Cuando me contaba el episodio, se le llenaron los ojos de lágrimas. «¿Cómo pudo mi padre, que se suponía que me amaba, hacerme algo así? ¿Cómo pudo ser tan cruel?»

El incidente lo aterrorizó tanto que desde ese día Darrell hizo todo lo que pudo para ser perfecto y lograr así que su padre lo quisiera. Esa dinámica se prolongó hasta su vida adulta. Se describe a sí mismo como alguien que trata siempre de complacer a los demás. En lo más profundo de su ser, Darrell teme que si no los complace, los demás lo abandonarán. La conformidad es un factor crucial en su vida. Dice: «No quiero ser el que desentone».

«Temí al pueblo»

La conformidad es un poderoso seudodios en nuestra cultura. El anhelo de acomodarse, de ir al paso de los demás y de complacerse unos a otros, genera una dialéctica de conformidad irreflexiva. Esta clase de conducta carece de creatividad. Por temor a nuestra individualidad y al querer cuidar nuestra frágil identidad, nos pasamos la vida anhelando las cualidades de los demás. En este proceso acabamos por ser irremediablemente mediocres.

Meditemos unos momentos en el antiguo relato hebreo que se encuentra en 1 Samuel 15 (RVR60). El rey Saúl había sido escogido por el profeta Samuel para reinar sobre los hijos de Israel. Dios le dijo a Saúl que conquistara a los amalecitas y que los destruyera por completo. En vez de obedecer las instrucciones de Dios, Saúl prefirió hacer las cosas a su manera para agradar a la gente. Escuchó el clamor de sus súbditos y, en lugar de destruir por completo a los amalecitas, se guardó lo mejor del botín perdonándole la vida del rey amalecita.

Dios le dijo a Samuel que le preguntara a Saúl por qué lo había desobedecido. Cuando Samuel interrogó a Saúl, este respondió sencillamente: «Temí al pueblo». En otras palabras, Saúl temió más al pueblo que a Dios.

¿Acaso no es esta la dinámica en la cultura moderna? Tenemos visiones, talentos, ideas y oportunidades; sin embargo, no queremos crear nada por temor a las críticas, los fracasos o el rechazo. Alguien ha dicho: «Se desperdicia mucho talento en el mundo por falta de un poco de valor, y a diario mueren hombres desconocidos cuyo temor les impidió hacer un primer esfuerzo».

Por el contrario, Dios nos ha llamado a seguir a su Espíritu, siendo instrumentos creativos y de valor en el mundo. «Pero tenemos este tesoro en vasijas de barro para que se vea que tan sublime poder viene de Dios y no de nosotros» (2 Corintios 4.7).

La conformidad es un poderoso seudodios en la cultura moderna; la razón de ello es nuestra falta de aceptación o valorización de nuestra propia identidad. Esto genera un esfuerzo frenético por agradar y seguir a los demás para lograr significado, dignidad, valor e identidad. En consecuencia, somos controlados por lo externo más que por lo interno.

Por definición, conformidad es acatar lo que el grupo que nos rodea o la sociedad indiquen. Significa ser formado, hecho o modelado por la cultura que nos rodea. En esencia, es permitir que el punto principal de la identidad propia se encuentre fuera de la persona. Como resultado, la persona está a merced de los caprichos y gustos de los otros.

Origen sicológico de la conformidad

Para poder entender cómo hemos llegado a depender tanto de la aprobación de los demás es preciso que volvamos a la teoría de la separación e individuación de Mahler. Como mencioné en el capítulo anterior, la formación de la identidad del niño comienza con la «interiorización» del objeto primario de cuidado, casi siempre la madre. Esto se produce, y con éxito, solo si la familia es estable, firme y previsible.

Sin embargo, la familia disfuncional ofrece poca estabilidad o firmeza, por lo que esto desemboca en una interiorización deficiente de los padres. La consecuencia natural es que al niño le queda un vacío interno. La ausencia de un padre interiorizado impide que se pueda forjar una identidad clara.

La incapacidad para conservar a la persona que lo cuida y tranquiliza a uno en lo interno, interfiere con el desarrollo de recuerdos adecuados de figuras que se han preocupado por uno. Por lo tanto, el niño tiende a desarrollar recuerdos de reconocimiento en vez de recuerdos evocadores. Esto significa, en lo fundamental, que «no me siento amado a no ser que me encuentre de hecho en presencia de un ser amado».

Estas personas tienden mucho a la soledad. Son incapaces de nutrirse y sustentarse con recuerdos del pasado, con momentos agradables y relaciones significativas. Incapaces de beber de sus propios pozos o de alimentarse de su propia alma, se sienten impelidos a buscar significado, esperanza y sustento aferrándose a otras personas, lugares o cosas que les proporcionen en el mismo momento recuerdos de reconocimiento.

Freud ilustró el concepto de recuerdo evocador con una descripción de sus experiencias en la Acrópolis. Visitó ese monumento histórico cuando tenía cerca de los treinta años, visita que le produjo una gran sensación de paz. En años posteriores, ya con cáncer y rechazado por razones políticas y raciales, no pudo regresar a la Acrópolis. Pero dijo: «Me vino el recuerdo de la Acrópolis».[1]

La evolución de la identidad personal

Erik Erickson, sicólogo contemporáneo, ha desarrollado mucho el estudio de la identidad personal. Ha formulado un sistema de desarrollo sicosocial. Afirma que el niño experimenta el desarrollo en ocho fases sucesivas:[2]

Confianza frente a desconfianza: entre 0 y 1 año
Autonomía frente a vergüenza y duda: entre 1 y 2 años
Iniciativa frente a sentimiento de culpa: entre 3 y 5 años
Diligencia frente a inferioridad: entre 5 y 11 años
Identidad frente a difusión de papeles: entre 11 y 21 años
Intimidad frente a aislamiento: entre 21 y 40 años
Creatividad frente a estancamiento: entre 40 y 60 años
Integridad frente a desesperación: Más de 60 años

A medida que el niño supera los conflictos y problemas de cada fase, pasa a la siguiente. Así, el adolescente que ha resuelto bien las cuatro primeras, entra en la de la identidad frente a difusión de papeles. Los años de la adolescencia, con sus muchos conflictos relacionados con la sexualidad, la imagen de sí mismo y la dependencia, generan mucha tensión en el joven. Solo si cuenta con un ambiente comprensivo por parte de sus padres, de sus iguales o de otras personas importantes que se preocupen por él, llegará a desarrollar una identidad en contraposición a la difusión de papeles o confusión.

Una pérdida aplastante de identidad

Este período susceptible de la vida de un adolescente se ve frustrado si la familia se polariza, fragmenta o desintegra, lo cual aumenta en forma radical la vulnerabilidad ante las drogas, la violencia y otras tendencias destructoras. Resulta trágico que la enorme tensión en este período de la vida se asocie con la peor consecuencia: la alarmante y creciente frecuencia de suicidios de adolescentes. ¡Qué irónico! Cuando precisamente en Occidente aumenta la riqueza más que nunca, se dispone de más tiempo libre y la tecnología produce tantos beneficios, nuestros muchachos se quitan la vida.

En mi clase de escuela dominical, en Nassau, tuvimos la visita de una personalidad conocida en todo el mundo. Cuando quise reconocer la presencia de ese conocido dignatario, lo presenté y le pedí que dijera unas palabras. Para sorpresa mía, contó cómo su hijo de dieciséis años acababa de suicidarse. Al describir el golpe, el remordimiento, el pesar y el dolor que sufrió, explicó que tanto él como su esposa se vieron obligados a evaluar de nuevo sus vidas y que estaban tratando de reconstruir su familia.

Es una historia dolorosa, pero esas personas comparten con muchas otras familias un trágico común denominador: una lucha infructuosa por identidad y una vana búsqueda por encontrarle sentido a la vida.

El acomodamiento por medio de la codependencia

El término codependencia estuvo muy en boga hace poco tiempo pero, como todas las modas, cayó pronto en desuso. Sin embargo, sus efectos perduran; por lo que es bueno definirlo. La codependencia se refiere fundamentalmente a personas que han sido heridas en la vida debido a una dinámica familiar dolorosa (ya sea el maltrato físico, emocional o sexual, u otros traumas como el divorcio, la enfermedad o la muerte de otras personas con importancia para ellos).

La herida, que por lo general se produce en la infancia, interrumpe el desarrollo de una identidad con significado, y los individuos se vuelven dependientes de otros para poder satisfacer sus necesidades. El resultado es un desarrollo deficiente del yo y la creación de relaciones distorsionadas y dolorosas.

Brenda era una hermosa mujer que trabajaba como secretaria en una oficina comercial. Su padre murió siendo ella niña y su madre era alcohólica. A Brenda la educaron unos amigos de la familia, pero dentro de sí se sentía sola, aislada y repudiada. Cuando tenía dieciocho años su madre murió. Por ello se sintió «conmocionada, enojada y triste».

Brenda conoció a un atractivo joven, Tim, y se enamoró locamente de él. Sin embargo, Tim se sintió acorralado y con pocas ganas de formalizar las cosas, de modo que comenzó a salir con otra joven. Cuando Brenda se enteró, se deprimió y trató de suicidarse con pastillas. Cuando la vi por primera vez, estaba destrozada y enojada. Dijo: «¡No puedo vivir sin Tim! Es todo lo que tengo. Es mi vida. Es mi esperanza. Es mi razón de vivir».

En sesiones sucesivas, Brenda siguió vertiendo su letanía de tristeza y desesperanza. Decía que la vida no era justa, al quitarle a su padre y hacer de su madre una alcohólica. La vida, a los ojos de Brenda, era fea e implacable. Y ahora, al perder a su novio, todavía se sentía más desesperada. Una vez le pregunté: «Brenda, ¿quién es usted? Cuando la escucho voy conociendo a su difunto padre, a su madre alcohólica, a su novio, pero ¿quién es usted?»

Me miró asustada y me preguntó qué quería decir.

Le respondí: «Antes de poder ser un "nosotros", tiene que llegar a ser un "yo"».

Cuando entregamos a alguien nuestra «Identificación de autoridad propia» —nuestro significado, dignidad, identidad y valor— le estamos dando a esa persona o a otra cosa una cantidad excesiva de poder. Al darle a otra persona el control de esas cualidades personales, estamos creando y rindiendo culto a un falso dios.

El caso de Brenda ilustra varias características de la codependencia. En primer lugar, la codependencia desarrolla ataduras muy fuertes con personas, situaciones y cosas. Puede producir adicción a relaciones, drogas, sexo, trabajo, comida y así sucesivamente.

Luego, cuando se rompe la atadura, la persona se siente destrozada. Por esta razón, se deben tratar con cautela y destreza los problemas de la codependencia.

La razón de vivir de Brenda estaba fuera de su persona. Había invertido su vida en su novio. La codependencia implica que la sensación del yo de una persona y su felicidad existen siempre en alguna otra persona o circunstancia.

A medida que fue avanzando la terapia de Brenda, habló de los sentimientos de vacío que albergaba en su interior. Ese vacío la aterrorizaba, lo único que había contrarrestado ese sentimiento era su relación con Tim. Cuando él la abandonó, el desastre fue total.

Brenda tenía memoria de reconocimiento pero no llegaba a experimentar memoria evocadora. No podía nutrirse con los recuerdos significativos de su novio. Una vez que este desapareció, todos los recuerdos se disiparon con él; lo que no se ve no se recuerda.

Cuando somos incapaces de disfrutar de la memoria evocadora resulta difícil sanar. Cuesta recuperarse de pérdidas, recibir perdón y aprender de la experiencia. Para la persona sin memoria evocadora, estar solo equivale a sentirse solo, una experiencia aplastante.

Ser un «yo» antes de llegar a ser un «nosotros»

El seudodios de la conformidad es poderoso. Se relaciona con el deseo de agradar, de ser perfecto y de tener control total. Una vez más, el problema es la vulnerabilidad y la insuficiencia. Ante el hecho de que somos incapaces de sostenernos por nosotros mismos, propendemos a renunciar a lo que sea con tal de agradar, de ser parte del grupo. No hay nada malo en tratar de agradar y de cooperar con el grupo. Pero cuando el acomodamiento se convierte en un fin en sí mismo, de modo que la persona no tenga sentido de identidad, se produce la destrucción de uno mismo.

Al igual que en el caso del narcisismo, la dinámica de la conformidad empieza a darse en las primeras fases del desarrollo. Al principio éramos un «nosotros» (fusión con la madre), antes de llegar a ser un «yo» (diferenciación), y tenemos que volver a ser un «yo» (sentido de identidad) antes de poder convertirnos en un «nosotros» (con relación a otros). La vida se va desarrollando como un proceso de separación. Pero como la vida está herida, suceden muchas cosas que obstaculizan nuestro programa de desarrollo, tales como los maltratos, los accidentes, las enfermedades o las pérdidas.

En una persona considerada normal (como decimos en las Bahamas: «que murió ayer y todavía no ha nacido») hay equilibrio entre afiliación o deseo de conectarse, y diferenciación o deseo de separarse. En otras palabras, una persona sana debiera tener un equilibrio en su capacidad de decir: «Sí, quiero estar relacionada», pero también la libertad de decir no sin sentirse culpable. Debiera haber un equilibrio entre nuestra capacidad de establecer comunidad y nuestra capacidad de tener separación.

Sin embargo, muchas veces se ve afectado el delicado equilibrio entre afiliación y diferenciación. Este desequilibrio perturba nuestros márgenes y nuestras relaciones con otros. Sin límites firmes, resulta difícil lograr la diferenciación. En otras palabras, hay una interrupción entre lo que es nosotros y lo que no lo es.

En consecuencia, deseamos agradar, deseamos que se nos quiera, deseamos fusionarnos con personas y problemas que nos rodean. Al hacerlo, desarrollamos una especie de complejo de mártir. La idea es que al agradar a otros y al tratar de ser perfectos se nos querrá y se nos admirará. Así es como nos volvemos codependientes.

¿Cuál es la diferencia entre la codependencia y el genuino altruismo? Cuando la conformidad se convierte en seudodios, las personas pierden la autoridad que les da Dios, junto con su sensación de que son «alguien». Al contrario, cuando lo hacemos por altruismo, lo hacemos desde la médula de nuestra identidad, que está intacta. En otras palabras, no damos para conseguir una identidad, para impresionar, para ser amados ni para conseguir algo a cambio. Simplemente compartimos la identidad de nuestra propia condición de personas.

El otro yo de la codependencia:
la contradependencia

El padre de Linda era muy exigente. Esperaba que ella obtuviera buenos resultados en la escuela. Un promedio de notable no era suficiente, de modo que se esforzaba todo lo que podía para conseguir excelente en todo y así lograr la aprobación de su padre. También la madre de Linda trataba constantemente de agradar a su esposo.

Al graduarse de secundaria, Linda se fue a trabajar para ayudar con los gastos de la familia. Trabajaba bien e hizo mucho para ayudar a aliviar la carga económica de la familia. Un poco después Linda conoció a Phil, unos años mayor que ella. Se enamoraron y con el tiempo se casaron. Al principio todo parecía ir muy bien, pero al poco tiempo, Phil se volvió dominante y comenzó a maltratarla de palabra. En realidad, era tan exigente que Linda vivía atemorizada.

Como de costumbre, hacía todo lo que podía para agradarle. Estaba siempre pendiente de Phil. Pero mientras más hacía, más exigía él. Siempre la humillaba, pero la reacción de ella era esforzarse todavía más para complacerlo. Más tarde afirmó: «Se convirtió en mi dios».

Por grandes que fueran las exigencias de Phil, a Linda solo le faltaba quitarse la vida con tal de satisfacerlo. Por ejemplo, cuando Phil sugirió que hicieran un cambio de pareja con otro matrimonio, Linda pensó que tenía que cooperar a fin de salvaguardar su matrimonio, aunque eso iba por completo en contra de sus convicciones. Explicó: «Phil era mi vida. Era mi todo».

Phil ilustra otro problema de límites, parecido a la codependencia, que por lo general se llama contradependencia. Como el codependiente, el contradependiente está muy herido, carga con un peso de ira, temor, vergüenza y culpa. Pero los contradependientes tienen problemas en establecer conexión con las personas. Debido a la herida que llevan dentro, tienen límites rígidos, a diferencia de los codependientes. Edifican murallas alrededor de sí mismos. La idea es estar tan bien aislado, que no se vuelvan a producir heridas.

Adoración al cónyuge

No sorprende que los contradependientes atraigan a los codependientes. El codependiente y el contradependiente forman una pareja muy interesante, al menos por un tiempo. Los contradependientes se sienten vacíos y necesitan que alguien les traiga esperanza; el codependiente tiene márgenes débiles, por lo que desea amar y agradar. Entre estas dos personas heridas se genera una fusión natural.

Sin embargo, surgen problemas cuando el codependiente comienza a crecer. Al ir afirmando sus límites, muchas veces compensan en exceso y se vuelven contradependientes. Surge un conflicto parecido cuando un contradependiente va a terapia y debilita sus límites, con lo que se crea la posibilidad de tener a dos codependientes bajo el mismo techo. Es importante que ambas personas reconozcan su necesidad de crecer y de colaborar de alguna manera, teniendo presente que cuando una entra en terapia, la otra resultará profundamente afectada.

El seudodios de la conformidad se puede manifestar en personas que lo dan todo para agradar, con la esperanza de recibir amor. O se puede manifestar en el contradependiente que se siente completamente vacío por dentro y busca controlar a otros. Los dos pueden fusionarse y volverse dependientes el uno del otro.

Estas son dinámicas puramente sicológicas. Sin embargo, la formación de seudodioses se produce cuando estos aspectos concretos se vuelven un fin en sí mismos, quitándoles a las personas su inherente dignidad y sus derechos. Cuando la codependencia o contradependencia resultantes se convierte en la fuerza motora de la vida, pasan a ser un falso dios.

El falso dios de la conformidad nace de nuestro anhelo de adaptarnos y de la creencia de que una vez que lo logremos, seremos parte de algo, seremos amados, confiarán en nosotros y eludiremos nuestra propia insuficiencia.

Adoración a la familia

Vemos operar al seudodios de la conformidad no solo en las relaciones persona a persona, sino también en las familias. En realidad, la familia misma puede convertirse en seudodios cuando nos aislamos del resto de la sociedad a fin de preservar la unidad e intimidad de la familia. Al excluir al resto del mundo, elevamos a la familia al nivel de seudodios, solo para descubrir que las cosas nunca funcionan todo lo bien que se espera.

Unas veces los hijos no se desempeñan con brillantez o ni siquiera a un nivel aceptable. Otras veces se produce una crisis económica que nos hace perder la casa, los bienes y el estilo de vida cómodo que hacía que la familia se sintiera tan contenta. A veces asoman el rostro la enfermedad o la muerte. Las crisis dejan tambaleándose a la familia elevada al rango de ídolo, porque hasta ese momento el grupo familiar había funcionado bajo la ilusión de ser insensible.

También vemos que se manifiesta la idolatría familiar cuando los padres se fusionan con sus hijos. Cuando sucede esto, el desempeño de los hijos en la escuela, en los deportes o en las presentaciones musicales afectan la estima propia de los padres. Solo hay que observarlos en los juegos en los que participan sus hijos para ver esta tendencia en acción. Cuando nuestros hijos se vuelven una obsesión, nos fusionamos con ellos.

Como consecuencia, cuando rinden poco, nos sentimos ansiosos y molestos, pero cuando se desempeñan bien nos sentimos mejor. Puede darse una conexión poderosa entre el avance o el desempeño del hijo y el estado emocional de los padres.

En algunos hogares hay un problema de conformidad con relación a tener una familia de la clase «buena». Esas personas que creen ser parte de ese grupo, se sienten superiores a los que no lo son. Esta dinámica se da más allá de las familias, por ejemplo en los clubes, las organizaciones, la lealtad a la escuela, el patriotismo, la nacionalidad, el racismo y la afiliación política, lo que genera prejuicios e incluso crueldad para con los que quedan fuera de esos grupos.

Adoración a las modas y las novedades

El seudodios de la conformidad también se manifiesta en las modas que surgen en nuestra cultura, sobre todo en esferas como las del vestir, los estilos de decorar casas, los automóviles o las actividades deportivas. Muchos de nosotros tratamos de ser parte, queramos o no, sin reflexionar en lo que escogemos. Nos podemos sentir impelidos a estar a la altura de los vecinos y descubrir que vivimos por encima de nuestros recursos.

Si no podemos competir, nos castigamos con la idea de que si pudiéramos vivir en la casa adecuada, en la calle adecuada o en la zona adecuada de la ciudad, les pudiéramos «dar a nuestros hijos» las cosas que en realidad queremos para nosotros mismos. (Hablaré más acerca de esto en el capítulo siguiente, que trata del materialismo.)

Adoración a los líderes de sectas

A veces las heridas internas empujan a las personas a desear controlar a otros. Lo vemos demostrado en el control demagógico que personas como David Koresch y Jim Jones ejercieron sobre sus seguidores. Sospecho que el líder de la secta tiene un tremendo sentimiento de insuficiencia. Esa persona tiene la capacidad de despojarse de las partes inadecuadas que no le gustan para proyectarlas a otras personas que son serviles y están dispuestas a herirse a sí mismas. Los seguidores están dispuestos a recibir los aspectos inadecuados del líder. A ese proceso los sicólogos lo llaman «introyección».

Por medio de la identificación proyectiva, los líderes de sectas están en condiciones de desprenderse de sus aspectos inadecuados. Luego se los percibe como una especie de superhéroes, en tanto que sus seguidores se someten a ellos.

David Koresch y Jim Jones tuvieron la habilidad de controlar a las personas. Sus seguidores descubrieron significado y comunidad en la fusión con sus atractivos líderes. Conformarse a sus líderes y complacerles se convirtió en su razón de vivir. Esto es un ejemplo notable del seudodios de la conformidad. En mi experiencia, dondequiera que hay personalidades atractivas que se relacionan íntimamente con personas heridas, se desarrolla mucho la formación de sectas.

Defino la formación de sectas como «un grupo muy unido al que es mucho más fácil entrar que salir de él». Siempre les sugiero a las personas de cualquier grupo que es importante que sepan que pueden salirse del mismo en cualquier momento. Tengo la impresión de que a veces se sienten atraídos por ignorancia o ingenuidad.

El problema radica en que, aun cuando los seguidores se den cuenta de la situación, el líder siempre tiene algún interés establecido que les impide abandonar la secta. Se les hace creer que si la dejan, la secta desaparecerá. Por eso la secta se moviliza para impedir que ocurran salidas. Es un juego peligroso, tanto física, emocional como espiritualmente.

Adoración a la iglesia misma

La idolatría de la conformidad se encuentra en las religiones y las iglesias tradicionales, al igual que en las sectas. Cuando nuestro deseo es estar en la iglesia «adecuada» está actuando un poderoso seudodios. Debe ser una iglesia grande, o debe ser pequeña y familiar. Debe ser una iglesia carismática o no. Debe ser una iglesia con un grupo artístico. Debe ser una iglesia con una excelente reputación musical. Debe ser una iglesia con un predicador de fama mundial. Debe ser una iglesia que enfatice la exégesis. Debe ser una iglesia que insista en los valores familiares. Debe ser una iglesia que tenga programas de televisión.

No hay nada malo en desear que nuestra iglesia tenga características especiales. Pero cuando la búsqueda de un lugar de culto es dominada por los detalles que deseamos encontrar en ella, se convierte en un fin en sí mismo, y excluye la adoración del Santo Totalmente Otro. A propósito, este problema es probable que no sea patente, de hecho se da en forma muy sutil.

Se pudiera describir así: una persona desarrolla una imagen proyectada de cómo debiera ser el cristiano o la comunidad cristiana. Se ve a sí misma a través de dicha imagen, y comienza a ver esa imagen «como agradable a Dios». Es muy posible entonces tener fe en Dios, pero conceptualizar la imagen que uno proyecta de lo que es Dios y entonces rendir culto a ese dios falsamente concebido.

También vemos una formación casi sectaria en ciertas iglesias legalistas donde las personas comprometen mutuamente sus conciencias.

Con el fin de conseguir poder, se relacionan con otros, buscando controlarse mutuamente las conciencias por medio de leyes y reglamentos de conducta. Dictaminan cómo deben vivir los miembros, espían la vida de los demás e incluso los juzgan. Esta dinámica es muy constrictiva y lleva a una corrupción de la fe, más que a la creación de una fe viva y saludable.

La fe saludable siempre brinda a las personas la libertad de llegar a sus propias decisiones. Permite el crecimiento en la gracia, no solo los éxitos, sino también los fracasos. La fe vital actúa en medio de una atmósfera de amor incondicional, lealtad y estímulo.

La conformidad y las pandillas juveniles

Otra manifestación de la conformidad es el fenómeno de las pandillas juveniles. Se encuentran sobre todo en ambientes urbanos y se están desarrollando mucho en barrios periféricos. Ciertos jóvenes, heridos a causa de la disfunción familiar, de maltratos de toda clase y de la deshumanización de la poderosa subcultura de las drogas, se unen en busca de comunidad, protección y una sensación de identidad.

Las pandillas son muy atractivas para los jóvenes. Se cuentan casos de muchachas que se someten a la violación en pandilla solo para que las acepten. Las armas de fuego, el colapso del sistema de valores socioculturales según los cuales la vida no vale nada, el irrespeto a la propiedad y la escasa ética del trabajo hacen que la violencia se haya convertido en un factor importante en la sociedad.

Los lazos dentro de las pandillas son fuertes. En mi trabajo con adictos al *crack*, he visto jóvenes abandonar las pandillas, liberarse de la adicción y tratar de vivir de manera normal. Pero al cabo de poco tiempo vuelven a ellas porque consideran que sus hogares son fríos e indiferentes, en tanto que encuentran en la pandilla el calor humano y la unión.

Los extremos

Cuando examinamos el tema del seudodios de la conformidad, debemos reconocer el poderoso temor subyacente que tienen las personas a la soledad. Algunas recurrirán a todos los medios con tal de evitar perder la aceptación.

Conocí a una encantadora y religiosa señora que se enteró de que su hija estaba usando cocaína. Fue un golpe tan terrible que no podía soportar que nadie más lo supiera. No permitía que su hija buscara tratamiento por temor a que los demás se enteraran del problema. Así que determinó tomar dos trabajos. ¿Por qué? Para ganar suficiente dinero y poder pagar el hábito de la cocaína de su hija, de forma que esta no tuviera que robar.

Ella pensaba que estaba haciendo bien. En realidad, lo que la motivaba era una falsa imagen de sí misma. Temía que si su hija recibía ayuda, quedaría destruida su propia reputación. Por eso estaba dispuesta a sacrificarse trabajando muchas horas para costear el mal hábito de su hija. Para empeorar las cosas, su narcisismo hizo que contribuyera a la destrucción de su propia hija en su denodado esfuerzo por proteger su buen nombre.

Intentos por ganarse el amor

El seudodios de la conformidad es poderoso cuando sentimos que tenemos que estar a la altura de las normas excesivas de alguien. A veces, cuando tratamos de ganarnos el amor y evitar el abandono, nos encontramos con «desempeños» exigentes.

Mark y Grace estuvieron casados por treinta y cuatro años cuando él conoció a una atractiva joven y tuvo una relación amorosa con ella. Se sintió culpable porque, hasta ese momento, había sido fiel en su matrimonio. Sin embargo, no quiso renunciar a la joven. Cuando su esposa se enteró, se sintió destruida. La respuesta insensible de Mark ante el dolor de Grace fue: «Bueno, pudiera dejar esta relación amorosa para quedarme contigo si tuvieras el cuerpo esbelto y el atractivo de cuando nos casamos».

Como amaba a su esposo y deseaba complacerlo, Grace se matriculó en unas clases de ejercicios. Comenzó con ejercicios aeróbicos y a levantar pesas. Casi se rompe una pierna en el proceso; era obvio que una mujer en los cincuenta no podía recuperara el cuerpo de cuando tenía veinte años. Desesperada, abandonó el programa de ejercicios.

Se había creado el seudodios de la conformidad en respuesta al temor que tenía de que el esposo la abandonara. Estaba dispuesta a hacer cualquier cosa con tal de no perderlo. Trató de cambiar para adaptarse a sus normas, pero fracasó. Por fin, cuando se dio cuenta de que en realidad la iba a abandonar, se volvió negativa y se enfureció con la vida.

Tratar de ganarse el amor, como Grace descubrió que estaba haciendo, es uno de los elementos en nuestro camino hacia la conformidad. Cuando nuestro yo herido cree que no merece amor incondicional, construimos complicados dioses falsos que nos proporcionen el atractivo, el sentido de pertenencia y la aceptabilidad de que, según nosotros, carecemos.

Por fortuna, tenemos a Dios que nos brinda el amor incondicional que tanto necesitamos. Si decidimos adorarlo a Él y a nadie más, descubriremos que le pertenecemos. Entonces experimentaremos una relación con Él y con sus verdaderos seguidores y encontraremos sanidad para nuestro yo verdadero.

Jesucristo lo ejemplifica de manera hermosa. Durante su peregrinación en la tierra, su propósito fue agradar a Dios su Padre. En consecuencia, no tuvo que conformarse a los caprichos y las fantasías de quienes lo rodeaban. Un antídoto para el seudodios de la conformidad es la adoración a Dios, hacerlo el Supremo de nuestra vida. De ser así, no tenemos que postrarnos ante otros dioses. Resumiendo, un antiguo santo lo formuló así: «Teman a Dios y no tendrán que temer nada más».

EL MATERIALISMO:
EL DIOS VISIBLE

El materialismo es uno de los seudodioses más poderosos en nuestra cultura. Cuando empleamos el término materialismo en la conversación diaria, pensamos en las salidas a hacer compras, en acumular bienes, en poseer los símbolos de éxito, en vestirnos como las personas de éxito y en tener todos los juguetes de moda.

Sin duda que esas son manifestaciones populares de materialismo. Pero si nos examinamos con más profundidad, descubriremos que materialismo es la prueba tangible que a veces empleamos para reemplazar al Totalmente Otro, al Invisible, al Intangible, al Santo.

La Biblia nos dice que la fe es la sustancia de lo que se espera, la convicción de lo que no se ve (Hebreos 11.1, RVR60). El materialismo invierte la perspectiva y afirma que ver es creer. Comenzamos a reverenciar lo temporal y a dejar de lado lo invisible.

Paul Tillich, teólogo y filósofo muy conocido, lo expresó así:

El éxito, la posición social y el poder económico son el dios de muchas personas en la muy competitiva cultura occidental, y logra lo que todo fin último debe lograr: rendición incondicional a sus leyes, incluso al precio de sacrificar las genuinas relaciones humanas, las convicciones personales y la creatividad. Amenaza con la derrota social y económica y promete, en forma indefinida como todas las promesas de esta clase, la realización de uno mismo.[1]

Esclavo del éxito

Dwight llegó a la consulta porque se sentía deprimido, frustrado y agotado. Dijo que sentía temor y que su vida había perdido todo su significado.

Procedía de una familia pobre, por lo que no había tenido posibilidades de educarse más y de hacer una carrera. Con todo, había decidido en lo más profundo de su ser que iba a triunfar a costa de lo que fuera. Hizo de la seguridad económica la principal prioridad de la vida. Aunque había sido educado en la fe cristiana, decidió que no tenía tiempo para eso. Para él, el deseo que tenía de seguridad material era su religión, su esperanza y su medio para llegar a ser alguien.

Trabajó mucho, a veces en dos o tres ocupaciones al mismo tiempo. Él mismo cuenta que había días en que estaba tan cansado que apenas se podía mantener de pie. De vez en cuando, su mente se quedaba en blanco. Pero el recuerdo de su doloroso origen en la pobreza le daba fuerzas para proseguir. Todos los días se llenaba de valor y hacía todo lo posible para seguir adelante.

Después de trabajar mucho, Dwight logró por fin cierta seguridad económica y se compró una pequeño negocio de comida rápida. Trabajaba sin parar ayudando a preparar las comidas, llevando la contabilidad, limpiando y procurando que los clientes quedaran satisfechos. Aunque estaba cansado y agotado emocionalmente, ya no podía detenerse; esa era su gran oportunidad para triunfar.

Aunque Dwight se había construido una hermosa casa, casi no pasaba tiempo en ella debido al trabajo. La familia le interesaba poco. Creía que lo mejor que podía ofrecerles era seguridad económica.

Con el paso del tiempo, Dwight se fue sintiendo cada vez más agotado. Se sentía vacío y aturdido. En realidad, se describía como incapaz de sentir. Lo único que tenía era su negocio, de manera que no podía dejar de trabajar. Con el tiempo tuvo algunas tendencias suicidas. Su vida era como darse de golpes contra una pared maciza: por un lado sabía que trabajaba demasiado y que se estaba matando, pero por el otro sentía horror ante la posibilidad de perder lo que tenía. Se sentía atrapado, enojado y atemorizado.

Dwight lucía casi sin expresión. «¿Cómo puedo cambiar? ¿Cómo puedo parar ahora? Las deudas que contraje, mis responsabilidades… Tengo que continuar».

El dilema de Dwight es frecuente en nuestra sociedad. En busca de seguridad material, trabajamos tanto que, a causa de ello, somos seducidos y por último explotados y abandonados. El materialismo se convierte en un seudodios cuando permitimos que el éxito material sea nuestra preocupación primordial.

El culto a lo tangible

El comentario de Flip Wilson: «Lo que ves es lo que obtienes», es algo más que una frase graciosa. Representa una forma de vida tan fundamental para nuestra cultura que niega la ambigüedad de la fe y reduce la realidad a lo que se puede ver, sentir o tocar. Hemos negado el significado del culto a Dios y nos hemos dejado esclavizar por nuestras necesidades, bienes y ambiciones. Hablamos de la casa, del trabajo y de la vida, sumiéndonos en un narcisismo que habla fuerte pero que no tiene contenido. «La vida de una persona no depende de la abundancia de sus bienes» (Lucas 12.15).

Se cuenta de un hombre que trabajó mucho durante toda su vida y logró el triunfo supremo cuando se compró un Cadillac dorado. Por desdicha, murió poco después de haberlo comprado. Como sabían cuán apegado estuvo a su automóvil, sus amigos decidieron que debían enterrarlo dentro del auto. Cuando iban bajando el Cadillac con el cuerpo a la tumba, se oyó a un amigo del difunto exclamar: «Esto sí es vida». T. S. Eliot lo expresó en forma algo más elocuente:

¿Dónde está la vida que hemos perdido viviendo, dónde está la sabiduría que hemos perdido sabiendo?[2]

El materialismo niega lo trascendente. Deja a la vida sin esperanza para los desesperanzados y sin fe para los desesperados. ¿Será esta otra explicación para el suicidio de adolescentes? Como escribió un adolescente que se suicidó: «He fracasado en la escuela. He fracasado con mis padres. No hay nada trascendente en mí. No tengo fe. No hay sentido en mi vida. Y como he fracasado, no hay esperanza. ¿Por qué no matarme?»

¿A quién echarle la culpa sino a nosotros mismos? Nos hemos esforzado por darles a nuestros hijos modelos de seguridad material, en vez de la fe que sostuvo a nuestros padres. Eso quizá se reduce al hecho de que, conociendo a Dios, hemos negado su poder. No le hemos rendido culto como Dios con una vida de gratitud, sino que hemos tratado de entregarnos al seudodios del materialismo. La Biblia afirma que es locura hacer del materialismo la preocupación primordial de la vida.

Nuestro Señor advirtió que la vida de la persona es mucho más que lo que posee. Contó la parábola del rico con una vida llena de éxitos. Cuando sus graneros estaban por rebosar y las cosechas eran abundantes, decidió reemplazar los graneros que tenía por otros mayores. Una vez hecho eso, tenía la intención de vivir tranquilamente, comer, beber y regocijarse. Había convertido en su preocupación principal su propio yo y su poderío económico (Lucas 12.13-21).

La ilusión de la permanencia se vio destrozada cuando ese rico tuvo que enfrentarse con su condición de mortal. Dios le dijo: «¡Necio! Esta misma noche te van a reclamar la vida. ¿Y quién se quedará con lo que has acumulado?» (v. 20).

El rey Salomón, uno de los monarcas más sabios, más ricos y más influyentes en la historia de Israel, examinó la vida desde una perspectiva puramente humana o materialista y la encontró vacía. Comentó con melancolía que había mejorado todo, construido casas y plantado viñedos. Había hecho jardines, parques y plantado toda clase de árboles frutales. Había construido estanques para irrigar los jardines y los huertos. Había recolectado plata y oro y fomentado las artes. Además, incursionó en la sexualidad hasta la plenitud por medio de muchas relaciones amorosas.

Como resultado, Salomón fue mayor y más poderoso que todos los que lo precedieron. Trató de conseguir todo lo que sus ojos deseaban y no dejó de buscar ningún placer. Pero al pensar en todo ello, al ponderar todos los logros y esfuerzos de su vida, dijo: «Vi que todo era absurdo, un correr tras el viento, y que ningún provecho se saca en esta vida» (Eclesiastés 2.11).

El culto a lo racional

Parecido al dios del materialismo es el enfoque puramente racionalista y científico de la vida. Desde luego que la racionalidad científica y la tecnología son medios poderosos que realzan la dignidad de la vida humana. Pero siempre se producen tragedias cuando la tecnología y la búsqueda científica se convierten en fines en sí mismas. La forma científica de pensar se puede convertir en una religión *per se*, equivalente a un seudodios.

Brian Applyard arguye que la ciencia se ha convertido en la fe de nuestro tiempo. Pero al contrario de la fe tradicional, es incapaz de responder a interrogantes acerca del significado y el propósito. Él afirma: «La ciencia funciona pero ha separado las verdades del significado. Obliga a ser neutral respecto a asuntos de significado y propósito, y con ello no es en absoluto neutral en lo espiritual».[3]

En nuestro mundo moderno, la tecnología se ha convertido en la fuerza dominante. La ciencia, con su perspectiva puramente materialista, puede ser un seudodios muy poderoso. En mi campo específico de la medicina, sobre todo, veo el tremendo efecto que causa la preponderancia de la tecnología.

Para empeorar las cosas, estamos comenzando a ver que el método científico en medicina ha generado su propia perspectiva religiosa. El método científico es, desde luego, un medio positivo para lograr un fin dado. El problema es que se convierte en un seudodios cuando se convierte en un fin en sí mismo.

Vemos, pues, el dilema de la tecnología moderna. En realidad, nuestra tecnología ha tenido tanto éxito que ahora nos vemos obligados a responder a preguntas cruciales como:

¿Quién debiera nacer? (Cuestión del diagnóstico y tratamiento prenatal.)
¿Quién debiera vivir? (Cuestión del sostenimiento tecnológico de la vida.)
¿Cuánto tiempo debiera vivir? (Cuestión de la calidad de vida.)

¿Es posible que nuestros avances tecnológicos hayan ido tan rápido que hayan sobrepasado nuestra toma de decisiones éticas? Ahora nos enfrentamos con la posibilidad de reproducir asexualmente el embrión humano. En todas estas cosas, la pregunta más importante es: ¿Quién debe tomar estas decisiones? Estos asuntos relativos a la tecnología biomédica tocan la médula misma de nuestro sistema de valores fundamentales.

La tecnología puede brindar servicios al género humano como medio para dar realce a la dignidad humana. No podemos, sin embargo, permitir que se convierta en un seudodios para que sea un fin en sí misma, y con ello destruir a los seres humanos.

Los dioses del poder y el control

Otra clase de seudodios del materialismo se da en la esfera del poder y el control. Al sentirnos vacíos, incapaces e insignificantes, no solo buscamos bienes materiales sino también poder.

La verdadera espiritualidad significa recibir poder desde adentro. La ambición de poder mueve a las personas a dominar a otras, a robar, a mentir, a engañar e incluso a matar. Luego, cuando ese poder se derrumba, la persona se siente aniquilada. Hace poco, un líder político occidental se sintió tan desvalorizado cuando perdió unas elecciones que se quitó la vida. El poder que había obtenido por el puesto que ocupaba se había convertido en su identidad. Cuando perdió dicho poder, la persona quedó destruida.

Lloyd era un muchacho pobre que trabajó muchísimo para triunfar. Entró a formar parte de una empresa de bienes raíces, trabajó jornadas muy largas, y después de muchos años de esfuerzos por fin consiguió lo que tanto había deseado. Con algunas transacciones importantes de bienes raíces, se vio de repente en la esfera de la riqueza, el poder y el éxito. Se volvió muy importante.

Se compró una antigua mansión remodelada donde vivió con su familia en la opulencia. Sus fiestas eran fantásticas; todo lo que hacía era de primera clase. Pero la prosperidad se acabó. El mercado de bienes raíces se derrumbó y Lloyd se dio cuenta de que había ido demasiado lejos y que no podía satisfacer sus obligaciones financieras.

¿Cómo podía renunciar a su estilo de vida? ¿Cómo no iba a seguir dando a su familia el estilo de vida al que estaban acostumbrados? No encontraba la salida. Convencido de que de todos modos su familia se estaba hundiendo por completo, un día Lloyd mató a su esposa y a sus hijos uno por uno cuando regresaban a casa de la escuela. Luego, se suicidó.

Un amigo que los conocía no sabía cómo expresar la manera en que ese hecho afectó a la comunidad. Las palabras de nuestro Señor confirman su veracidad: «¿De qué le sirve a uno ganar el mundo entero si se pierde o se destruye a sí mismo?» (Lucas 9.25).

¿Cuán a menudo, en medio de los afanes de la vida diaria, olvidamos que llegamos a este mundo desnudos y sin nada? Y así es como vamos a abandonarlo. Nos conviene no negar esta realidad, sino permitir que sea la prueba decisiva de nuestros valores y actividades.

La represión de la belleza

Otra forma que asume el seudodios del reduccionismo materialista se encuentra en la represión de la belleza. Metidos de cabeza en nuestros ocupadísimos horarios de trabajo, nos queda poco tiempo para valorar la belleza que nos rodea. Nuestra ceguera se agrava con el hecho de que las heridas que guardamos en el corazón dejan poco espacio para la belleza y el amor.

Me preocupan sobre todo los niños. Con la descomposición de la vida familiar, del vecindario y de la comunidad circundante, nuestros hijos se ven obligados a enfrentarse con la fealdad y el patetismo de la sociedad. Abrumados por el dolor, el resentimiento y el temor, les resulta difícil apreciar la belleza. ¿Cómo podrá apreciar la poesía y la música el niño que ve que su padre mata a su madre? ¿Cómo llegarán nuestros jóvenes, que crecieron en medio de la adicción al *crack* y de crímenes violentos, a apreciar una puesta de sol o una rosa?

Un distinguido hombre de negocios afirmó que todas las noches, después de ver las noticias, se deprimía tanto que le resultada difícil dormir. Incluso en las mañanas se sentía irritado e incapaz de desenvolverse con eficiencia. Al darse cuenta de la relación entre las noticias y sus sentimientos, decidió dejar de verlas. Ahora duerme mejor y al día siguiente se siente menos turbado.

Esto puede demostrar una sencilla dinámica, pero me pregunto si no es algo que debiéramos examinar. En el curso de la vida, podemos permitir que influyan en nosotros la fealdad y las heridas que los medios noticiosos nos enrostran, conversaciones desagradables, películas, novelas y música indecentes; además de las acosadoras redes sociales y el mundo cibernético que invade nuestros espacios privados. Estoy convencido de que es posible que ese negativismo llene nuestro corazón hasta el punto de que nos resulte difícil apreciar el amor y la belleza que nos rodean.

Rollo May lo describe así: «Las personas que han perdido el sentido de su identidad tienden también a perder su relación con la naturaleza. Cuando una persona siente su yo vacío por dentro, como ocurre con tantas en la actualidad, experimenta a la naturaleza que lo rodea como vacía, completamente seca y muerta».[4]

Wordsworth escribió:

El mundo nos absorbe demasiado, tarde o temprano, ocupándonos y desperdiciando nuestros poderes; vemos poco en la naturaleza que sea nuestro. Hemos entregado nuestro corazón. ¡Un sórdido favor![5]

Convertir las piedras en pan

El seudodios del materialismo hace acto de presencia en la tentación de nuestro Señor en el desierto. Después de ayunar por cuarenta días y con ello hacerse más receptivo a aspectos de profunda espiritualidad,

Jesús fue tentado para que convirtiera las piedras en pan. Pero respondió de inmediato al malvado que lo tentaba: «No sólo de pan vive el hombre, sino de toda palabra que sale de la boca de Dios» (Mateo 4.4).

La tentación a convertir las piedras en pan es un asunto constante en nuestra vida. El impulso de conseguir pan, de hacer pan, de dar apoyo material y protección, es una fuerza terrible. Nos asedia en la médula misma de nuestra inseguridad y susceptibilidad, por eso nos atrae tanto la necesidad de seguridad.

Al igual que Dwight, que se esclavizó a su estilo de vida, casi nos matamos trabajando para conseguir cosas. Cuanto más ganamos, más gastamos. Todas las horas, en vela y en sueño, las invertimos tratando de ganar más bienes. Esta dinámica ha penetrado incluso en la religión.

El evangelio de la prosperidad nos invita a ver la fe en Dios como una forma de llegar a ser prósperos y a tener éxito. Ese evangelio distorsionado no puede explicar la pobreza dolorosa de nuestro Señor y de muchos de sus seguidores. De todas las manifestaciones del seudodios del materialismo, esta es la más asombrosa. Va en contra de los piadosos y con todo, emplea lo espiritual para esclavizar a sus ingenuos seguidores. Prostituye el significado del amor de Dios.

Es obvio que se puede ser próspero y conocer a Dios. Pero nunca debe relacionarse la prosperidad y el éxito en sí con el significado de la fe. En realidad, todo lo que tenemos debemos conservarlo con las manos abiertas, porque es solo un don que se nos ha prestado por alguna razón.

El peligro del materialismo en la familia

Vemos al seudodios del materialismo actuar en nuestras relaciones familiares. Nos esforzamos por dar a nuestros hijos las cosas materiales de la vida, pero dedicamos poco tiempo a compartir nuestro tiempo y nuestra vida con ellos. Nuestros hijos, claro está, necesitan un mínimo de cosas materiales, pero en realidad nos necesitan a nosotros. Necesitan nuestro tiempo. Necesitan nuestro amor. Necesitan nuestra presencia. Necesitan nuestra preocupación por lo espiritual. Estoy convencido de que si les damos estas cosas a nuestros hijos, a pesar de las tribulaciones de la vida, al final sobrevivirán.

Esclavizados a una carrera

El seudodios del materialismo es responsable de permitir que nuestra carrera estrangule nuestra vocación. Se supone que la primera debe ser un medio para seguir la segunda. Cuando rendimos culto al falso dios del materialismo, sin embargo, con frecuencia convertimos a nuestra carrera en un fin en sí misma.

Nuestra vocación como seres humanos es reflejar el propósito de nuestro Creador, además de mostrar su amor y su gracia en el mundo. A pesar de ello, nuestra carrera, dirigida por el materialismo, nos agota. Ya sea que busquemos el poder, la riqueza o el éxito, perdemos la perspectiva de nuestra vocación. En este proceso, nuestra carrera se enriquece, pero nuestra vocación se empobrece. La carrera es algo temporal, que concluye cuando llegamos a los sesenta y cinco o setenta años. Pero nuestra vocación de vivir dando frutos espirituales está vinculada con la vida venidera. Por lo tanto, cuando permitimos que nuestra carrera desvíe nuestra vocación, dejamos de ser nosotros mismos. Como dice la Biblia de manera profunda: lo que no se ve —como el amor, la paz y la verdad— es lo real.

Vivir sin la presencia de un padre

Nunca olvidaré que hace unos años me encontraba sentado con un grupo de amigos y sus familias en el Rancho *Deer Valley*, un hermoso predio situado en las montañas de Colorado, que ofrece un ambiente sereno. Para nuestra familia ha sido por años una bendición muy grande. Allí hemos podido pasar temporadas. Además de su belleza, le da al joven de las islas Bahamas la oportunidad de jugar al vaquero. Es emocionante estar rodeado de las hermosas montañas de Colorado y cabalgar por lugares repletos de colorido.

Ese día estábamos hablando de diversos aspectos de la vida familiar. Una madre describía lo ocupado que estaba su esposo. Era cirujano y tenía que pasar muchas horas trabajando en el hospital. Su labor era muy especializada, de modo que tenía que dar mucho de sí mismo a los pacientes. Trabajaba en los Estados Unidos, aunque dedicaba también tiempo a trabajar en países menos privilegiados. El hombre estaba comprometido de forma incondicional con su trabajo.

Claro que su vida familiar era harina de otro costal. Salía a trabajar muy temprano y regresaba muy tarde, ya entrada la noche. La madre era la única responsable de organizar todas las cosas de la casa y de cuidar a los hijos. Las largas vacaciones de verano las pasaba sola la madre con los hijos. Durante años habían echado mucho de menos al padre y se preguntaban por qué no podía pasar más tiempo con ellos.

La señora nos explicó que había tratado de compensar la ausencia del padre estando lo más cerca posible de los hijos y participando en sus actividades. Incluso pasaban junto al hospital o cerca de la oficina de su padre para que vieran donde pasaba el tiempo. Lo hacía con la esperanza de que entendieran el trabajo especial que su padre tenía que realizar. Creía que había compensado de alguna forma la ausencia del esposo.

Su hijo mayor, que para ese entonces era ya un excelente profesional, la interrumpió. Con voz muy clara y fuerte dijo que estaba completamente equivocada si pensaba que había sabido compensar la ausencia de su padre. Afirmó que él necesitaba la presencia de su padre antes y ahora. Todavía hoy sufre los efectos de que su padre no fuera accesible. El hijo le dijo con franqueza a la madre que de ningún modo había podido llenar ese vacío.

El vacío que el padre había creado al trabajar tanto y por tantas horas era como un hueco en el corazón del hijo. Aunque ya era adulto y profesional, sentía el vacío con dolor. En ese momento, el padre comenzó a llorar. Se veía con claridad que sentía el remordimiento y la culpa de que su trabajo lo hubiera mantenido lejos de su hijo.

Mientras el joven hablaba, nos dábamos cuenta de que no estaba hablando solo de su familia. En cierto modo reconocimos que estaba hablando de todos nosotros. Como profesionales, trabajamos muchísimas horas y nos esforzamos mucho por lograr que los recursos nos alcancen. Queremos asegurarnos de que nuestras familias tengan todo lo que necesitan, pero en el proceso todos dejamos lagunas. Nos resultó difícil oír las palabras de ese joven.

Después de la reunión, esa familia se mantuvo junta para seguir hablando. Era la primera vez que el hijo expresaba cómo lo había herido la ausencia de su padre. Fue un tiempo de dolor, de expresar pesar y arrepentimiento. Pero gracias a que hablaron y se esforzaron juntos, la familia pudo comenzar a hacer algo con el daño por la ausencia del padre y con la herida en el corazón del hijo.

Recordar las prioridades correctas

Las exigencias para el profesional del mundo actual son tremendas. Uno está constantemente bajo presiones que proceden de todas partes. No es fácil labrarse un lugar como el que nos gustaría. A veces nos sentimos como si estuviéramos al mismo tiempo en una rutina y en la cuerda floja. A veces las presiones en nuestra sociedad son tan intensas que es difícil ir contra ellas.

Convendría que los profesionales examinaran sus carreras para ponderar cómo se equilibra su trabajo con las otras metas que se refieren a la familia o a su propio desarrollo personal. El seudodios del materialismo es muy poderoso, nuestro Señor lo reconoció cuando dijo que es difícil para un rico entrar en el reino de los cielos. Esto no es por las riquezas en sí, sino porque hacemos de ellas un seudodios.

Escoger la perspectiva adecuada

Es fácil permitir que nuestra búsqueda de riqueza o de cosas materiales se convierta en la realidad definitiva. Al examinar al seudodios del materialismo, es importante recordar dos realidades fundamentales de la vida: la física y la espiritual. A menudo, debido al poder que ejerce en nosotros lo material, nos inclinamos a ver nuestra realidad física como predominante y negamos la espiritual.

Cuando trabajo muchas horas y me canso, encuentro difícil contemplar lo espiritual. Lo físico está tan presente siempre, que somos incapaces de reflexionar acerca del significado más profundo de la vida. A veces resulta difícil percibir el significado espiritual que hay tras la realidad física con la que nos encontramos a diario.

Cuando trabajamos mucho y nos agotamos, estamos más dispuestos a postrarnos ante el altar del materialismo. El problema es que cuanto más nos postramos ante ese altar, más nos entregamos a lo físico y más negamos lo espiritual.

Las Escrituras nos recuerdan que las cosas que se ven son temporales y que las invisibles son eternas (Hebreos 11.1). A medida que pasamos por la vida negando sus valores y atributos más profundos, nos encontramos más y más desconectados de nuestra realidad espiritual y aprisionados en un materialismo que nos aturde.

Rosas para el alma

Se conoce a Gertrude Stein por haber dicho: «Una rosa es una rosa». Eso puede ser físicamente verdad, pero en el plano espiritual de las cosas, una rosa no es solo una rosa. En cierto modo, la rosa se convierte en un símbolo del amor de Dios por nosotros. La rosa señala hacia el Creador. Podemos cultivar la rosa, podemos cuidar de ella, pero no podemos hacer la rosa. Por eso, para valorar a la rosa no podemos detenernos en lo físico. Tenemos que ver qué significa simbólica y espiritualmente. Al observar la rosa, recordamos la creatividad y el amor de Dios.

Mi amiga Debbie cultiva las rosas más hermosas que jamás haya visto. En dos ocasiones nos ha regalado algunas, las que nos han ayudado mucho. Durante días florecían con esplendor, llenando nuestra casa de su mensaje de vida, amor y esperanza. Sin duda que eran hermosas y que su hermosura era una bendición para nosotros. Sin duda que olían de manera espléndida y que era muy agradable disfrutar de ese aroma.

Sin embargo, al contemplar las rosas, recordábamos a Aquel que las creó. Las rosas se convirtieron en una declaración espiritual que nos decía en los momentos de problemas, y conflictos: «Sigan adelante, todo va a salir bien. Dios sigue en su trono. Y si Dios esta con nosotros, ¿quién estará contra nosotros?»

Un Dios que fue herido

El sufrimiento es otro aspecto de la vida que debiera verse con ojos espirituales. Dios nos amó y, por medio del Señor Jesús, todavía lleva sus heridas. Sus heridas, a su vez, nos recuerdan que puede comprender nuestras propias heridas.

Cuando Tomás declaró que no podía creer, nuestro Señor le pidió que tocara sus heridas. Cristo todavía lleva sus heridas para recordarnos que podemos enfrentarnos con valor y esperanza a nuestra aflicción.

Al sufrir, nos identificamos con nuestro Señor, que sufrió por nosotros. Por medio del sufrimiento aprendemos el significado más profundo de la vida. Aprendemos obediencia. Aprendemos la importancia de la comunidad. Aprendemos a confiar en Dios, porque después de la crucifixión viene la resurrección. En medio de nuestro sufrimiento descubrimos esperanza pese al padecimiento, al dolor y a la incoherencia. Podemos estar seguros, en medio del dolor, de que Cristo todavía se conmueve ante nuestros sentimientos, nuestras heridas y nuestras enfermedades.

Estas palabras pueden parecer vacías cuando el dolor es abrumador. Siempre me conmueve el poder del dolor, de la desesperanza y de la destrucción que acompañan al sufrimiento. Pero sería injustificado decir que todo es negativo. En muchos casos, quien ha sufrido llega a una comprensión más profunda de la espiritualidad de la vida que quien nunca ha sufrido.

No decimos esto en forma superficial o a la ligera, porque el sufrimiento siempre es doloroso. Pero se nos recuerda que el sufrimiento es parte de la vida. Como dijera Job, no importa cuán larga sea la vida del hombre, sus días están llenos de sufrimiento. La esperanza del que es espiritual es que, como dijo el apóstol Pablo, nuestro sufrimiento no se puede comparar con la gloria que nos será revelada (Romanos 8.18). Al llevar la cruz, nuestro Señor hizo que todas nuestras cruces fueran pequeñas, manifestando su poder redentor y su presencia en el mundo.

Matrimonio celestial

Del mismo modo que hay un aspecto espiritual en el sufrimiento, también lo hay en el matrimonio. En lo externo, el matrimonio puede verse como un acto de tosco materialismo: dos personas que se unen física, hogareña y económicamente. La boda es el aspecto materialista, pero el matrimonio mismo representa la conexión espiritual de dos partes que se unen para formar una familia.

El matrimonio también tiene un contenido espiritual, ya que representa en un modo profético la relación de nuestro Señor con la Iglesia, su esposa, y su conexión con ella. Ese matrimonio cósmico culminará en eterna felicidad, cuando el Invisible por fin se una a la que es visible.

«¿De qué le sirve a uno ganar el mundo entero
si se pierde o se destruye a sí mismo?»
—Lucas 9.25

6

EL CARÁCTER SAGRADO DEL SENTIMIENTO

E ra uno de esos días invernales ingleses muy lluvioso y me encontraba recorriendo una serie de centros de tratamiento para drogadictos en Londres y sus cercanías. En mi visita a uno de los programas en las afueras de Oxford conocí a Gwen, una joven encantadora de diecinueve años que se presentó como drogadicta en recuperación. Contó que había comenzado a usar drogas a los diez años. Ahora, me dijo Gwen, estaba muy satisfecha porque no las había consumido por tres meses.

Le pregunté cómo se sentía sin usar drogas. Su respuesta se me quedó grabada. Gwen dijo que en los años en que estuvo consumiendo drogas experimentó solo dos sensaciones: euforia y depresión.

La meta de su vida había sido mantener lo más posible la euforia y, por lo tanto, conseguir drogas sin interrupción. Tenía que evitar la terrible sensación de derrumbe que se producía cuando se disipaba el efecto de las drogas.

Gwen me dijo que cuando las dejó por primera vez, esperaba que de algún modo experimentaría una euforia natural. Su opinión de las

personas que no usan drogas era que se mantenían eufóricas con natu-
ralidad. Daba por sentado que por eso no las usaban.

Se quedó muy impresionada y sorprendida cuando descubrió que
la mayoría de las personas no disfrutan de una euforia natural. En
realidad, los individuos con los que habló le expresaron que la mayor
parte del tiempo se sentían más deprimidos que eufóricos. Solo una
que otra vez sentían euforia. Gwen se decepcionó, ya que uno de los
motivos para dejar de usar drogas había sido lograr una euforia natural,
«como la de todo el mundo».

Gwen me explicó que uno de los aspectos más difíciles para ella
desde que dejó las drogas, era aceptar el no sentirse ni eufórica ni
deprimida, sino algo intermedio. Se preocupa cuando despierta por
la mañana y descubre que no se «siente bien». Por lo que sé, sigue
luchando por lograr el equilibrio. Ella no es la única.

La búsqueda de «Sentirse bien»

«Sentirse bien» se ha convertido en el valor predominante en nuestra
cultura. En el afán por revivir el romanticismo del siglo diecinueve y
el reduccionismo sicológico del veinte, los sentimientos se han convertido en una preocupación fundamental para casi todo el mundo.
En realidad, hemos desarrollado lo que se puede describir como la
moralidad del sentimiento:

Si me siento bien, entonces estoy bien;
Si me siento mal, entonces estoy mal.

Nuestra sociedad ejerce una presión, sutil pero persistente, para
que vivamos con una sensación de euforia que debemos lograr a
cualquier precio. Nuestra preocupación primordial no son el deber
ni la obligación. Es: «¿Qué tengo ganas de hacer?» «¿Qué me hace
feliz?»

Por ejemplo, le pregunté a un adolescente si había hecho sus
tareas de la escuela y me contestó: «Las haré cuando sienta deseos
de hacerlas». La verdad es que muchas de las cosas que tenemos que

hacer en la vida no tenemos ganas de hacerlas. Pero hay que hacerlas de todos modos.

El deseo de sentirse bien, o lo que llamo «el carácter sagrado del sentimiento», tiene diversas manifestaciones en nuestra cultura.

La dependencia del sentimiento

Permíteme demostrar lo que llamo inclinación a buscar experiencias eufóricas. Es sencillamente el deseo de experimentar una euforia natural. Se le da prioridad al «sentirse bien» porque se presupone que es bueno.

Jacob era un destacado ejecutivo. De aspecto meticuloso, se jactaba de estar en excelente condición física. Cuidaba mucho la dieta, hacía ejercicios con regularidad y seguía todas las modas posibles en materia de salud. A medida que envejecía, ya no le resultaba tan fácil mantener la disciplina. Por eso se esforzaba todavía más.

Para cuando alcanzó la edad madura, el ejercicio dejó de ser algo incluido en las actividades de Jacob. Por el contrario, se convirtió en el significado de su vida. Su dedicación a la salud se volvió obsesiva. Con fanatismo, se aseguraba de que todas las comidas se prepararan teniendo en cuenta la nutrición, y tenía sumo cuidado de que no entrara nada en su cuerpo que no tuviera algún efecto nutritivo.

Sucedió que estando de vacaciones fuera del país enfermó de gripe aguda. Como sucede a menudo, la gripe lo hizo sentirse deprimido como consecuencia de la postración. Fue una depresión benigna que no requirió medicamentos. Sin embargo, Jacob se angustió porque no llegaba a sentirse en forma. Se enojó consigo mismo y se sintió frustrado por completo por no «sentirse bien».

Fue a ver a un médico tras otro, tomando uno y otro antibiótico, y también otros medicamentos que lo hicieran volver a sentirse bien. Le expliqué que esa clase de depresión benigna se producía de forma natural después de una enfermedad y que dentro de algún tiempo volvería a sentirse mejor. Jacob no se convenció. Quería sentirse mejor de inmediato. Este es un ejemplo de un «sentirse bien» que equivale a un seudodios.

Lo mismo ocurre en personas que participan en programas de ejercicios. Todos sabemos que el ejercicio beneficia a los individuos. Después de realizar ejercicios vigorosos, experimentamos una descarga de endorfinas, que equivale a una euforia natural. Como consecuencia, algunos se obsesionan y van más allá de cualquier límite físico razonable, con tal de lograr esa sensación eufórica.

El aburrimiento forma parte de la vida

Los adultos tienen que enfrentarse con sus sentimientos todos los días. Los padres se quieren asegurar de que la vida de sus hijos será mejor que la que ellos tuvieron. Cuando nuestros hijos dicen «estoy aburrido», nos sentimos culpables. Nos sentimos responsables de sus sentimientos, lo cual es una carga muy grande. Entre otras cosas, ellos olvidan con facilidad. Aunque los hayamos llevado a Disney World en junio, para septiembre ya están aburridos, y entonces pensamos que no hemos hecho lo suficiente por ellos.

Los hijos reflejan los sentimientos de los adultos en muchas maneras. Es agradable saber que nos han invitado a cenar, porque cuando hay algo en nuestra vida que deseamos que suceda, esta asume un nuevo cariz y nos sentimos animados. El peligro en tratar de satisfacer esta clase de experiencias eufóricas es que cuando no tenemos nada interesante que hacer, sentimos una tediosa depresión.

Cuando los hijos se quejan de que se aburren, debiéramos decirles simplemente: «Sí, claro, tienes razón. Papá y mamá también se sienten así. La vida a veces es aburrida. Por eso, esta noche, como no tenemos nada que hacer, nos vamos a aburrir juntos».

Si supiéramos enfrentarnos con nuestros sentimientos de aburrimiento, aceptándolos con la misma facilidad con que aceptamos sentirnos bien, me parece que el aburrimiento perdería la capacidad de alterarnos. Sin embargo, tanto los jóvenes como los adultos, tenemos la tendencia a buscar experiencias estimulantes.

El extremo de esta tendencia es el uso de drogas. Lo analizaré luego, cuando hable de la adicción en el capítulo siete.

Ir de compras, comer y arriesgarse

Para muchos, gastar dinero los hace sentirse bien por lo menos en el momento. Como me dijo una vez una señora: «Cuando me disgusto por algo, echo mano de mis tarjetas de crédito. Una tarde en el centro comercial me hace sentir como nueva». Esta no es una característica puramente femenina sino una tendencia común a todos. A veces compensamos nuestros sentimientos de dolor o depresión comprando cosas.

También se emplea la comida con el mismo fin. Cuando se sienten desanimados, algunos comen opíparamente; la mayoría de las veces devorando azúcares, chocolates u otros alimentos con carbohidratos. Comer se convierte en solo otra forma de llenar el «vacío».

También se pueden escoger otras formas más audaces de levantar el ánimo. Quizá lanzarse en paracaídas, saltar con una cuerda atada al tobillo o escalar cimas peligrosas, son modos de satisfacer nuestra necesidad de vivir experiencias intensas. En un sentido muy real, este tipo de experiencias pueden ayudar a superar sentimientos de insignificancia o insuficiencia.

Hace poco unos adolescentes fueron a ver una película en la que uno de los actores se acostaba en medio de una autopista y trataba de evitar que el tránsito lo atropellara. Por razones que solo él supo, uno de los muchachos que vio la película decidió intentar la misma hazaña. Ante la mirada aterrorizada de sus amigos un vehículo lo arrolló. Murió instantáneamente. El impulso a buscar experiencias intensas es tan poderoso que hace que la realidad se vea en forma ilusoria. Nos sentimos tan hipnotizados por la euforia que se nos promete, que olvidamos calcular el costo. Los jóvenes son sobre todo susceptibles a ello.

Enamorarse del amor

Las relaciones son una de las modalidades más comunes que empleamos para sentirnos bien. El amor romántico es, sin duda, uno de los seudodioses dominantes en la sociedad actual.[1] Los sentimientos que genera el amor romántico se asemejan al sentimiento de lazo afectivo que el niño experimenta poco después de su nacimiento, cuando su madre lo toma en brazos.

En esa fase inicial hay una fusión entre la madre y el niño. Como analicé antes, en la mente del bebé, él y su madre son uno solo. El mismo sentido de fusión ocurre en el amor romántico. Es como una euforia química, como flotar en las nubes. Es una sensación que describimos como «un salto en la boca del estómago».

El amor romántico es un fenómeno muy poderoso. Sin embargo, incluso en la mejor relación, se da en algún momento cierta despolarización. Es inevitable. El sentimiento de fusión se desmorona, y nos replegamos a nuestra individualidad. La rosa pierde el aroma; se acaba la luna de miel. En ese momento tenemos que tomar la determinación de amar. M. Scott Peck, en su libro *The Road Less Travelled* [La senda menos transitada], define el amor como «la voluntad de extender el yo para que nutra y haga crecer espiritualmente a otro».[2]

En cuanto comienza a desvanecerse el entusiasmo inicial, nos preguntamos si de verdad seguimos enamorados. El sentimiento de amor se disipa y entonces tenemos que tomar una decisión respecto del amor, independientemente de nuestros sentimientos. Cuando ocurre eso, nos sentimos deprimidos o desanimados. Experimentamos lo que me parece como una especie de respuesta depresiva, semejante a la del niño cuando se da cuenta de que se va separando de su madre.

Si las personas no están dispuestas a «querer amar», siguen buscando otra euforia en una nueva relación romántica. Muchos emplean los enamoramientos románticos continuos como defensa ante una sensación de insuficiencia o como antídoto para la depresión.

Como un cuento de hadas, el amor romántico genera una especie de pensamiento mágico. Sentimos que con una relación romántica nos convertimos en la persona que siempre quisimos ser. Por desdicha, después de la despolarización nos sentimos perdidos. Cuando se derrumba ese seudodios, las personas se pueden sentir muy heridas, incluso destrozadas.

Desde la época de Romeo y Julieta, supimos que el amor romántico es un seudodios exigente, que nos puede conducir a una experiencia violenta como montar en una montaña rusa. A pesar de los peligros, muchos le rendimos culto a ese dios. El amor romántico es hermoso, pero se convierte en un seudodios cuando una persona se define solo a partir de él.

Como hemos sido hechos a imagen de Dios, hay algo único en cada uno de nosotros, algo especial e individual. Cuando nuestra mente funciona de modo correcto, nos damos cuenta de que primero somos personas, seres que pueden sentir amor romántico por otro individuo. Los problemas surgen cuando solo nos sentimos completos cuando tenemos una relación romántica. El amor romántico se convierte en un seudodios cuando le entregamos nuestra «identificación de autoridad» o cuando lo damos al objeto de nuestro afecto. Si renunciamos a nuestro ego, cuando se acaba una relación amorosa parece que se acaba nuestra vida.

En toda relación humana significativa debiera haber siempre una relación triangular entre la otra persona, Dios y yo, con Dios en el vértice. Cuando no sabemos dirigir el amor que sentimos por otra persona o no estamos en condiciones de dar el amor que el otro exige, podemos buscar la ayuda de Dios. Cuando Dios forma parte, Él se encarga de mantener la relación en una perspectiva razonable, equilibrada.

Euforia religiosa

Cuando buscamos a Dios, es importante distinguir entre el Santo Totalmente Otro y la simple religión. A veces nuestra inclinación a buscar experiencias intensas se manifiesta en la participación en la iglesia. Podemos encontrarnos pasando de una congregación a otra, de un culto a otro, en busca de algo especial.

—¡Vaya, vaya, qué bien lo pasé hoy en la iglesia! —dijo alguien—. El predicador en realidad predicó, el coro en verdad cantó y tuvimos en realidad momentos muy hermosos.

—¡Estupendo! —dije sonriendo—. ¿Acerca de qué predicó el predicador?

—No recuerdo acerca de qué —respondió el hombre con un movimiento de cabeza—, pero una cosa sé: ¡eso sí que fue un sermón!

A veces la religión se reduce a sentirse bien y no tiene nada que ver con la verdadera espiritualidad o con el conocimiento. Por otra parte, la ausencia total de experiencias religiosas también puede ser negativa. Algunas iglesias se enorgullecen de su enfoque austero, cognoscitivo, en los cultos. Sin embargo, la forma más significativa de expresión religiosa se debe ubicar entre los dos extremos.

Cuando la iglesia sucumbe ante el seudodios de sentirse bien, predica un evangelio que realza el sentimentalismo superficial, carente de significado profundo y personal, es obvio lo incompatible que es el sufrimiento. Toda espiritualidad verdadera y con significado tiene que ver con los temas fundamentales de la vida. Y el sufrimiento forma, sin duda, parte de la vida.

Jesús y sus emociones

Según las observaciones de Henri Nouwen, cuando contemplamos la vida de Cristo vemos dos extremos emocionales.[3] La transfiguración fue una experiencia cumbre para nuestro Señor. En la cima de la montaña, Moisés y Elías se presentaron junto a Jesús; los tres se revistieron de un aspecto glorioso. Pedro deseó que ese acontecimiento sobrecogedor continuara para siempre, del mismo modo que nosotros deseamos que nuestras experiencias eufóricas continúen.

Ese extremo, el de la transfiguración, es muy atractivo. A muchos de nosotros nos gustaría construir nuestra experiencia religiosa sobre acontecimientos de esa índole. Una que otra vez se dan experiencias semejantes, pero son exactamente eso, experiencias cumbres.

El otro extremo es el de Getsemaní. Nadie que estudie la vida de Cristo o que esté convencido de que conoce a Dios puede dejar de reconocer que hubo un extremo de sufrimiento en su ministerio. En Getsemaní, vemos al Señor de la gloria, al Creador del universo, orar: «Padre mío, si es posible, pase de mí esta copa». Postrado solo en oración y sudando profusamente, se estuvo debatiendo con la posibilidad de que pudiera haber otra forma de redimir al género humano sin tener que sufrir la agonía de la cruz. Por fin, aceptó con mansedumbre: «No se haga mi voluntad sino la tuya».

A medida que nos internemos en la espiritualidad, experimentaremos ambos extremos. Pasaremos por experiencias cumbres en las que el mundo palpita de belleza, en las que nuestro corazón se llena de música y color, en las que la vida es alegre y con significado. Pero si queremos llegar a una espiritualidad profunda, también pasaremos por el valle de la sombra de la muerte.

En tiempos tenebrosos, nos veremos delante de nuestro Dios desnudos y solos, despojados de nuestras esperanzas y aspiraciones. Diremos la oración de nuestro Señor: «Padre, todas las cosas son posibles para ti; aparta de mí esta copa». Esos momentos nunca son fáciles. Son dolorosos. Son difíciles. Pero son parte real y necesaria de la vida espiritual.

Rematar al cristiano malherido

Creo que la mentalidad de «sentirse bien» en lo religioso es culpable de la tendencia en nuestras iglesias y grupos religiosos, a «rematar al malherido». Se nos acepta bien en la comunión de la iglesia cuando todo nos va de maravilla. Pero cuando cometemos un error, experimentamos alguna pérdida, o de alguna otra manera ya no encajamos bien en la categoría de «sentirse bien», nos dejan de considerar como parte de la congregación.

La iglesia ofrece una imagen de felicidad, de que todo va bien. Cuando estamos en problemas, parece que no encajamos. Por eso, a veces es la iglesia el último lugar al que acudimos en busca de consuelo, de empatía y de comunión, durante las experiencias dolorosas de la vida.

Muchas personas me han dicho que cuando sus hijos se drogaban, les resultaba muy difícil convivir con otros creyentes. Sentían que los demás no iban a entender su situación y que de manera implícita los estaban castigando por haber fracasado como padres.

Lo mismo sucede en el caso de los que se divorcian. Después del divorcio, sienten que ya no pueden continuar en la iglesia porque no son aceptados. En otras palabras, no ofrecen la imagen correcta y su presencia va en contra de la necesidad que tienen las personas de sentirse bien.

Edna era una muy buena cristiana. Su esposo, también creyente, estuvo sufriendo de depresión por mucho tiempo, aunque participaba de manera muy activa en la iglesia. Pero con el tiempo, cayó en un estado de depresión muy fuerte y se suicidó.

Después de la muerte de su esposo, Edna supuso que sus hermanos creyentes acudirían a apoyarla, ya que su difunto esposo había participado muy activamente en la iglesia. Para su sorpresa, descubrió que encontraba más consuelo y apoyo entre no creyentes que entre sus hermanos. Eso la dejó muy perpleja. No podía entender, en sus momentos de dolor, por qué esas personas con las que se había reunido con tanta regularidad no podían proporcionarle la clase de consuelo y apoyo que necesitaba.

La depresión es uno de los sufrimientos más profundos de la vida. Es una enfermedad física y los que la sufren a veces se suicidan. No es que sean malos o incapaces, sencillamente están enfermos.

Creo que las personas que pasan por estados de ánimo dolorosos, que procuran tomar las medicinas que se les recetan y vivir de manera positiva, se encuentran frente a una empresa indescriptible cada día. Creo que en el más allá habrá una recompensa mayor para las personas que han trabajado en el campo misionero de su propia depresión, que para quienes logran grandes resultados en otras esferas de la vida.

Cuando se le pidió a nuestro Señor que acompañara a María y a Marta en Betania, habló del dolor de ellas con total empatía. Aunque era el Dios del universo, antes de resucitar a Lázaro de entre los muertos, la Biblia dice que «Jesús lloró» (Juan 11.35). Con esas lágrimas se identificó con el dolor de María y de Marta; participó de su aflicción. ¿No es esta la adecuada resonancia de la vida, alegrarse con los que se alegran y llorar con los que lloran? ¿No es acaso la verdadera empatía el fundamento de la comunidad que apoya, alienta y nos conduce hacia un significado más profundo?

La culpa como ídolo

Aunque el querer sentirse bien motiva poderosamente, otras emociones también pueden monopolizar nuestra vida y despojarnos de nuestro valor, significado e identidad. Otra manifestación del seudodios del sentimiento es la culpa destructiva o negativa. A una persona le puede resultar posible acomodarse tanto a sus sentimientos de culpa que esta se convierta en su razón de ser.

Este es un proceso muy común entre personas que tienen convicciones religiosas fuertes. Algunos fallos son socialmente «perdonables» en círculos eclesiásticos, otros no.

Cuando una persona falla en la esfera sexual, por ejemplo, experimenta una poderosa sensación de culpa. Como consecuencia, el individuo se siente abrumado y esto lo puede conducir a dejar una iglesia, o puede producirle la pérdida de interés por la familia. El sentimiento de culpa por fallos sexuales puede producir depresión. La persona culpable mantiene la angustia y el dolor mediante una especie de penitencia crónica: «Debo aliviar mi culpa haciéndome sufrir».

El sentimiento de culpa es sobre todo fuerte debido a la discrepancia entre nuestro yo real y nuestro nivel esperado de desempeño. En la esfera religiosa, esto quiere decir que hay una ruptura entre cómo vivimos de hecho y cómo aspiramos vivir. La culpa genera confusión interna cuando no se consigue vivir de acuerdo con el propio ideal de fe o tradición.

Todas las personas, sean creyentes o no, parecen tener ciertas normas según las cuales miden su desempeño y conservan el amor propio. Cuando se falla en uno de esos aspectos, las consecuencias pueden resultar destructoras.

Cualquiera sea nuestro fallo, tenemos que querer recibir el perdón de Dios y perdonarnos a nosotros mismos. La espiritualidad madura requiere destronar la culpa y los sentimientos de amargura, ya que reconoce el perdón total que otorga el amor de Dios. Eso implica despojarnos de nuestros sentimientos negativos todos los días ante la cruz y permitir que la gracia de Dios llene la brecha existente entre los niveles real e ideal de la vida. Se nos estimula a que seamos amables y compasivos unos con otros, perdonándonos mutuamente como Cristo nos ha perdonado (Efesios 4.32).

Adoración al dios del temor

El temor es una de las emociones más predominantes en la sociedad actual. En realidad, alguien ha dicho que nos motivan más las cosas que tememos que las que amamos. El temor se ha convertido en un poderoso seudodiós que mina nuestra capacidad de compromiso y valor para utilizar los talentos y la potencialidad que tenemos.

El temor suele relacionarse con el tipo de experiencias dolorosas que hayamos tenido. Por ejemplo, es natural que deseemos ser amados. Todos buscamos el amor. Pero en muchos casos, donde creemos encontrar amor hallamos dolor. Esto no nos sorprende, ya que sabemos que la vida está herida.

El amor y el dolor se yuxtaponen en nuestro corazón. En consecuencia, se desarrolla una especie de situación protectora. Cuando comenzamos a pensar que nos gustaría que nos amaran y que pudiéramos expresar amor, recordamos que resultamos lastimados cuando pensamos que nos amaban. Por eso retrocedemos y resistimos al amor a fin de no volver a sentir dolor. Cuando resistimos al amor, en realidad nos trasladamos de la casa del amor a la del temor.

Vivir en la casa del temor

En la casa del temor nos enfrentamos con temor al crimen, al colapso económico, a las drogas, temor a que no les vaya bien a nuestros hijos, temor a que quizá no tendremos recursos para cuidar de nuestros hijos, temor a la enfermedad. La lista es interminable. Debido a la televisión, a la radio, a los medios noticiosos, a las películas, a internet y a las redes sociales, casi a cada segundo del día nos encontramos con nuestros temores.

¿Qué significa vivir en la casa del temor? Significa que, en alguna esfera de mi inconsciente, he decidido dejar de vivir con la esperanza del amor. Para lograr eso encuentro innumerables formas de evitar el amor.

Sally dijo que cuando su esposo se divorció de ella, se sintió tan destrozada que aun cuando decidió seguir adelante, de alguna forma sentía que iba a dejar de vivir. Con el paso de los años se desempeñó bien en el trabajo y fue a la iglesia, pero el gusto por la vida se había disipado. Funcionaba con el piloto automático.

En la casa del temor tenemos la tendencia a cuidarnos la espalda, porque no tenemos confianza. Hemos aprendido que cuando confiamos, salimos lastimados. Por eso tratamos de ponerlo todo a prueba. Eso lo que genera es un estado cuasi funcional de paranoia. Cuando cultivamos la falta de confianza, también nos resulta difícil perdonar. Albergamos enojo, y este se convierte en resentimiento. Cuando se convierte en resentimiento, moviliza otros sentimientos negativos como el temor y el dolor.

Toda esa energía negativa conduce a nuestras tendencias narcisistas fundamentales hacia una poderosa actitud competitiva. En la casa del temor es más fácil ser competitivo que compasivo. Por lo tanto, somos duros tanto con nosotros mismos como con los demás; y nuestra meta se convierte en ganar a toda costa.

Alimentado por el temor y el enojo

Estuve trabajando con un entrenador de lucha muy famoso. Durante ese tiempo aprendí mucho acerca de la motivación. Esa persona había descubierto dos formas de motivar a sus hombres: una era por medio del temor, la otra por medio del amor. Cuando habitamos en la casa del temor, lo que nos motiva son las cosas que tememos. Como resultado, nos motivamos con nuestro enojo.

Ese entrenador enseñaba al equipo de lucha que debían pensar en sus oponentes como en alguien a quien querían matar. En realidad, les decía: «¡Mátalo, mátalo!» Los luchadores apretaban los dientes y tensaban los músculos. Pensando en matar al contrincante, se lanzaban con entusiasmo al combate, con fuerza, con pericia. Luchaban fantásticamente y muchas veces ganaban.

Claro que, cuando perdían, se sentían muy enojados. E incluso después de ganar, les resultaba difícil serenarse. El entrenador se dio cuenta de que su técnica motivacional por medio del enojo comenzaba a producir efectos contraproducentes en cuanto a la capacidad de los luchadores para distenderse o para ver la vida en forma positiva. Ya fuera que ganaran o perdieran, de inmediato volvían a entrar en la casa del temor. Constató que la motivación por medio del temor y el enojo podía conseguir buen desempeño, pero disminuía la capacidad para que vivieran de manera eficiente.

El amor da poder

Después que el entrenador llegó a creer en Dios y se dio cuenta de la importancia del amor, descubrió que podía utilizar el amor para motivar a sus jugadores. Su fe lo motivaba a amar y respetar a sus hombres en una forma más profunda. Eso le generó un nuevo entusiasmo y compromiso para seguir trabajando con ellos.

Con el tiempo, los luchadores sintieron cuán profundamente se preocupaba el entrenador por ellos. Esto, a su vez, los motivó a ser lo mejor posible, lo que se tradujo en un mejor desempeño en los combates. Dijo que seguían luchando bien pero que, independientemente de si ganaban o perdían, tenían ahora un profundo sentido de aceptación de sí mismos. Si perdían, no tenían que destruirse. Fueron valorizando cada vez más el deporte mismo de la lucha. El entrenador descubrió que, al motivárseles con el amor, los luchadores se volvían mucho más positivos respecto a la vida y la conducta a seguir en ella.

El temor y nuestras respuestas sociales

Cuando vivimos en la casa del temor podemos desempeñarnos bien, pero nos resulta difícil forjar comunidad. La comunidad solo se puede mostrar por medio de la comunión, de la compasión, del perdón. En la casa del temor el perdón resulta difícil, cuesta encontrar confianza y las relaciones son tensas.

Vivir en la casa del temor nos hace reaccionar más que responder. La reacción es un modelo animal, significa que el estímulo con el que nos encontramos produce una reacción: estímulo es igual a reacción. Un mal estímulo conlleva a una mala reacción; un buen estímulo produce una buena reacción.

Por otra parte, si vivimos en la casa del amor, sabemos lo que somos: conocemos nuestro significado, dignidad, identidad y valor.

Incluso cuando se nos presentan estímulos negativos, seguimos teniendo la libertad de responder en forma particular. Quiere decir que, en lugar de ser personas que reaccionan, nos volvemos seres que responden.

Greta era una profesional muy atractiva. La frialdad de su comportamiento era solo fachada. Su vida estaba controlada completamente por el temor al cáncer. Su madre murió de cáncer cuando Greta tenía catorce años. Desde entonces, tuvo un temor obsesivo de que un día ella también tendría cáncer. En cuanto sentía algún dolor, lo primero que pensaba era en el cáncer. La tensión le generó tanto trastorno que cayó en un estado de depresión. La operaron varias veces y vivía con temor a cualquier malestar físico.

Vemos en esto una conexión poderosa. A los catorce años, Greta recibía un gran apoyo de su mamá y de su familia. De repente, su mamá descubrió que tenía cáncer y desapareció por completo de la vida de la jovencita. La pérdida fue desoladora; donde Greta había esperado amor, recibió dolor. En cierto sentido, Greta se trasladó de la casa del amor a la casa del temor. Con el tiempo, avanzó todavía más hacia un tipo de depresión clínica.

En las sesiones de terapia, Greta vio que estaba rindiendo culto en el altar del seudodios del temor. Se dio cuenta de que no se había concentrado lo suficiente en su fe, ni la había desarrollado. Sus sesiones conmigo no fueron solo sicológicas. Visto desde una perspectiva judeocristiana, tenía que lograr que su temor al cáncer dejara paso a su fe en Dios. Si no lo lograba, su temor al cáncer sería la fuerza que la controlaría por el resto de su vida.

Temeroso de la propia condición indefensa

Otra consecuencia de vivir en la casa del temor es que muchos de nosotros tenemos dificultad en experimentar ciertos sentimientos, sobre todo cuando estamos heridos. La madre de Eduardo, cuando este era niño, sufrió una enfermedad mental. A él le fue muy doloroso ver a su madre enferma. Eduardo se sintió indefenso y triste. Sintió que no tenía futuro. Su madre desaparecía por temporadas de seis meses, y veía que su padre lloraba. Eso le partía el corazón. Vivía bajo una pesada carga de tristeza.

Unos años después, al ir buscando solución a sus propios problemas familiares, me di cuenta de que siempre que se producía una situación que lo hacía sentirse indefenso, Eduardo se aterrorizaba. En otras palabras, resguardaba su condición indefensa con el temor a esa misma condición. Ese es un fenómeno común.

Aunque no me gusta catalogarlo en función de género, encuentro que los hombres tendemos a temer mucho más a la condición indefensa. No nos gusta sentirnos indefensos, por eso usamos el temor, el enojo, la adicción o la sexualidad desenfrenada para bloquear nuestros sentimientos. El hecho es que si no sabemos hacerle frente a esos sentimientos, nadie podrá ayudarnos.

Es importante que aceptemos nuestra propia indefensión, que se la presentemos a Dios para permitirle que sea fuerte donde nosotros somos débiles. Cuando se lo permitimos, recibiremos de Dios sanidad constante de nuestra situación. Pero cuando ocultamos nuestro dolor, nuestra condición indefensa y nuestra inseguridad, nos ponemos a merced de nuestro yo narcisista, herido y falso, con su anhelo insaciable de validación y anestesia.

En el capítulo siguiente examinaré con más detalle otros «ídolos» emocionales a los que rendimos pleitesía; es decir, otras manifestaciones del carácter sagrado del sentimiento. En vez de darnos fuerza, esos dioses falsos nos debilitan aun más, controlan nuestra vida y nos quitan la paz. Debemos derribarlos o nos destruirán cuando menos lo esperemos, dejándonos más desolados de lo que jamás creímos posible.

7

LA IRA, LA ADICCIÓN Y LA SEXUALIDAD

Pamela, de cabello plateado, tenía unos sesenta años. Con su esposo, Gerald, tuvo tres hijos. Procuraron darles una buena educación y se esforzaron para que no les faltaran ropa buena y todas las comodidades que pudieran hacerles la vida agradable. Aun con un ambiente cristiano en el hogar el hijo mayor, Larry, se volvió adicto a la cocaína y adoptó un patrón sicópata de conducta.

Eso hizo sufrir muchísimo a Pamela y a Gerald. Lo intentaron todo para ayudar a que Larry cambiara de estilo de vida, pero sin éxito. Larry participó en varios programas de rehabilitación, pero en vez de mejorar parecía empeorar. El abuso de drogas de Larry afectó gravemente a la familia y con el tiempo la destruyó. Su padre, Gerald, vivía con tanta tensión, más allá de límites aceptables, que enfermó del corazón y murió. Pamela se quedó sola para llevar la carga.

Me repetía una y otra vez que estaba furiosa con su hijo. A medida que se fue agravando su depresión, se apoderaron de ella deseos suicidas. Me decía: «¿Qué debo hacer? Estoy tan furiosa con mi hijo que a veces deseo que se muera. Luego me siento culpable. ¡Siento como si su drogadicción estuviera controlando mi vida!»

Le sugerí que quizá su hijo y el enojo que sentía hacia él, se habían convertido en un seudodios en su vida. Aunque era cristiana, no había hecho que su ira se postrara en adoración ante Dios. Al cabo de un tiempo, Pamela llegó a derribar a su falso dios y a restaurar la adoración al Santo Totalmente Otro. Aunque Larry sigue usando drogas, la madre ya no es prisionera ni de él ni de sus propias reacciones emocionales ante el hijo.

La importancia de someter la ira ante Dios significa que Él está por encima y que todo lo que suceda fuera de esa relación está por debajo. Cuando colocamos nuestra fe en una posición secundaria respecto a nuestra ira, esta nos controla, nos seduce, nos explota y, con el tiempo, nos destruye.

La ira: buenas y malas noticias

La ira es una de las emociones humanas que menos se entiende y más se critica. Tiene la capacidad de destruirnos a nosotros y a nuestras relaciones; sin embargo, puede ser al mismo tiempo una fuerza que contribuya a aumentar nuestra toma de conciencia. La ira es una reacción emocional fuerte que surge a raíz de sentirse agraviado, amenazado o herido. En otras palabras, cuando hay ira, hay que buscar el rastro del dolor.

La ira puede ser constructiva o destructiva. Es un sistema de advertencia que le indica a nuestro cuerpo que se nos amenaza física, social, emocional, intelectual o incluso espiritualmente. Cuando nos sentimos amenazados, la ira puede llevarnos a la preservación propia al hacer que establezcamos fronteras y desarrollemos agresividad. Estas pueden ser expresiones adecuadas de la ira. La Biblia nos advierte: «Si se enojan, no pequen» (Efesios 4.26). No cabe duda de que la ira produce una advertencia que, en sí misma, es saludable y puede conducir a la solución de conflictos y a tomar medidas protectoras prudentes.

La ira también puede ser destructiva. Lo es cuando lleva hasta el maltrato. Puede ser peligrosa, incluso mortífera, cuando no ejercemos control sobre nosotros mismos y violamos las fronteras de otros.

Sin embargo, la ira se vuelve todavía más peligrosa cuando se reprime. La ira reprimida genera resentimiento. La palabra resentimiento está compuesta de dos términos: re, que significa «de nuevo», y sentimiento, que significa «sentir, experimentar». Resentimiento significa que volvemos a sentir la ira una y otra vez.

Importantes hechos acerca de la ira

Debemos entender, en primer lugar, que *la ira es una emoción transitoria*. Si la tomamos al momento de sentirla e intentamos solucionarla, no se interiorizará. Sin embargo, una vez que se ha convertido en resentimiento, comienza a crear patrones destructivos. La ira reprimida puede llevar a problemas como la destrucción de la intimidad, la conducta codependiente, la depresión y el sabotearse a uno mismo con una motivación deficiente o disminuyendo la productividad.

En segundo lugar, la ira destruye más a los que están *cerca de nosotros*. «Cuando amamos y nos airamos, nos gusta destruir a los que amamos».

En tercer lugar, *la ira reprimida actúa como una aspiradora*, absorbiendo todos los otros sentimientos que llevamos en el inconsciente. En consecuencia, relacionamos la ira con la culpa, la vergüenza y el temor. Al cabo de un tiempo, los que interiorizan su propia ira acaban siendo definidos por la misma. Son vistos como individuos desagradables que, como afirma el dicho, iluminan una habitación solo con salir de ella.

Por último, estoy convencido de que si seguimos alimentándola, la ira se vuelve en terreno *fértil para lo demoniaco*. Defino lo demoniaco como lo maligno, el mal. El mal es cualquier fuerza o poder que sea anatema o destructivo para la vida. Cuando una persona personifica la ira gracias a una prolongada interiorización, se vuelve destructora en todos los aspectos.

Las personas y los diversos papeles de la ira

Hay innumerables variaciones de la conducta airada. Unas son más comunes que otras, por lo que es probable que se reconozca a sí mismo y a otras personas conocidas en los breves bosquejos que se ofrecen a continuación como descripciones de expresiones negativas de ira.[1]

La bomba

La bomba representa al que tiene una personalidad afectuosa. En otras palabras, la bomba tiene una mecha muy larga. Esta persona es trabajadora y sincera, hasta también religiosa. Tolera la frustración, la maneja bien, pero cuando los asuntos llegan a un punto crítico, la bomba explota. Cuando estalla, hay una terrible manifestación de ira que amenaza a cuantos le rodean.

El congelador

Estas personas utilizan la indiferencia o el silencio. El método elegido es castigar al ofensor por medio del silencio o el rechazo. A veces esta técnica la emplean ambas partes, aunque desperdicia mucha energía, rara vez resuelve problemas y, en última instancia, genera más ira y resentimiento.

El depósito síquico

Estas personas llevan la cuenta y mantienen en su mente toda clase de rencores contra los demás. Cuando se enojan, dan rienda suelta a todo lo que han acumulado. Cualquier conflicto que se tenga con *el depósito síquico* conduce a revivir el pasado sin plantearse ni solucionar los problemas presentes. La batalla sigue y sigue indefinidamente.

El campeón del arpón de terciopelo

Estas personas ocultan su ira y la expresan por medio de dardos verbales que arrojan en ambientes sociales. Cuando alguien se le enfrenta, *el campeón del arpón* dice lleno de inocencia: «¡No pasa nada!» Un ejemplo ocurrió en una cena de Navidad en una iglesia. Una elegante y agradable señora, sonríe con dulzura y le dice en voz muy baja: «¿Le parece que se ha vestido lo bastante bien para esta ocasión?» El comentario se siente como de terciopelo y parece inofensivo, pero en pocos segundos es como si te hubieran despedazado el corazón. Es un arpón de terciopelo.

El campeón de lo trivial

Este individuo parece alterarse ante cosas pequeñas. Por ejemplo, alguien olvida tapar el tubo de la pasta de dientes o de sacar la basura. La discusión que sigue oculta los verdaderos problemas. El campeón de lo trivial se centra en algo que es secundario o insignificante, luego lo induce a uno a discutir y entonces manifiesta una gran ira. En realidad, la discusión nunca trata de los verdaderos problemas que se ocultan tras la ira.

El «te agarré»

Los que practican este juego siempre se están echando la culpa de algo que no se ha hecho. Llevan la cuenta de los intentos por aventajar a la otra persona. Por ejemplo, el esposo cuestiona a la esposa acerca de si ha pagado o no una factura específica. La esposa, como sabe que es culpable de no haberla pagado, se pone a la defensiva y espera a que regrese el esposo. Más tarde, ella le pregunta: «¿No le pusiste gasolina al auto?» La fuente de la ira no es ni la factura ni la gasolina; está disfrazada bajo estas irritaciones menores.

El peleador en pandilla

El peleador en pandilla solo puede expresar su ira en un grupo o pandilla. Puede parecer bastante agradable en sus relaciones persona a persona. Pero cuando está con amigos, se vuelve malicioso y agresivo.

El provocador

Es una persona muy astuta. Se gana la confianza de uno, le va sacando sus secretos más íntimos y los va almacenando. Luego, cuando uno menos lo espera, *el provocador* se los frota en la cara y uno no puede negar que los ha dicho. Esa persona, de manera bien calculada, emplea los secretos tuyos contra ti mismo.

Todas esas son modalidades en las que se manifiesta el seudodios de la ira. Si en alguna de ellas has descubierto una vislumbre de ti mismo, es sabio recordar lo que dice la Biblia en la carta de Santiago: «La ira humana no produce la vida justa que Dios quiere» (Santiago 1.20).

¿Por qué Dios no utiliza nuestra ira para cumplir su propósito? Porque cuando nos airamos, hacemos un dios de nuestros sentimientos. Llenos de justa indignación, nos sentimos con autoridad y pensamos que ahora sí nos va a escuchar el mundo. La ira nos da una sensación narcisista de que tenemos derechos.

A veces nos airamos con Dios, esperando que se incline ante nuestros deseos. Nos enfadamos, exigiendo satisfacción inmediata o, de lo contrario, nuestra ira se convierte en depresión y tratamos de manipularlo para que actúe porque, nos sentimos tan mal. ¿Acaso no puede ver lo que me está haciendo?, preguntamos. La ira desplaza a Dios y a su soberanía, y se convierte en un ídolo. Nos seduce, nos explota y nos obliga al abandono, tanto de nosotros mismos como de Dios.

Me siento muy preocupado por este seudodios porque estoy convencido de que muchos de nosotros estamos en realidad airados. Pensemos en los disturbios de Los Ángeles, Chicago, Nueva York y otras ciudades en 2016 después de las elecciones presidenciales en Estados Unidos. Nuestras ciudades están llenas de personas que toda su vida se han sentido heridas. Están ardiendo de cólera, pero se la guardan; son como dinamita a la espera de explotar. La situación se agrava más con la adicción al *crack* y con otros problemas relacionados con el uso de drogas.

Vemos esta misma situación explosiva en los tiroteos que ocurren en centros laborales, en universidades y en muchos otros recintos públicos. Se despide a una persona de su trabajo, experimenta una herida narcisista y expresa su ira matando a sus ex colegas de trabajo. Debemos procurar que nuestra ira se someta al Dios todopoderoso. Cuando la ira se sale de perspectiva puede resultar destructiva por completo.

Volverse adicto

La adicción es un poderoso seudodios de nuestra cultura. En cualquier lugar del mundo me encuentro con toda clase de adicciones. Las personas son adictas al poder, a la sexualidad, a las drogas, a las relaciones, al juego, a la comida, a gastar dinero y a toda una serie de compulsiones.

Una joven con un desorden alimenticio explicaba: «Cuando aumento una libra, mi mundo se derrumba. No salgo, me aborrezco a mí misma. La vida es horrible».

El médico, con un horario ajetreado e implacable, se bebe una copa de vino solo para eliminar la tensión. Al cabo del tiempo admite que están aumentando su consumo de alcohol y su dependencia del mismo. «Bebo sin control. Me siento exhausto, pero ¿cómo detenerme ahora?», pregunta.

Un hombre de negocios narra que ha tenido relaciones sexuales con más de cien mujeres en un año. Está casado, se siente muy mal, lo lamenta, pero no puede detenerse.

Quizá he visto con mis ojos la peor situación de adicción más veces que las que pueda contar. En los últimos diez o doce años he estado muy relacionado tanto con la investigación como con el tratamiento del uso de cocaína.

La imagen positiva que prevalece en nuestra cultura es que ella es agradable, segura y de éxito. En las primeras fases de su uso, la cocaína crea la ilusión de esa misma imagen, como si hubiera sido pensada para la sociedad de hoy. Como dijera un joven: «Cuando me he tomado mi dosis de cocaína me siento lleno de euforia. Me siento como que domino al mundo. Soy yo quien manda. Cuando ando por las calles, me pertenecen. La gente se aparta a mi paso. ¡Qué sensación tan agradable!»

Es trágico que siempre se produzca el desenlace. El efecto de la droga desaparece. La promesa de euforia se transforma en desesperación y conduce a una caída vertiginosa hacia la destrucción.

El ansia de *crack* o cocaína hace caer en el olvido a las necesidades fundamentales para la supervivencia, como el hambre y la sed. Produce una euforia tan abrumadora que los adictos tienen la compulsión no solo a mantener el placer que experimentan, sino a encontrar alivio ante su constante ansia. Por desdicha, los métodos tradicionales de sicoterapia que se limitan a solucionar los conflictos emocionales suelen ser ineficaces para tratar la adicción a la cocaína.

Mi trabajo me ha enseñado mucho acerca de toda clase de adicciones. La obsesión por el poder, el sexo, el trabajo o el dinero pueden resultar ser un ciclo que se perpetúa a sí mismo, como el alcoholismo y la drogadicción. Sea cual fuere el seudodios, la persona busca sentido en una sustancia o en un proceso de engrandecimiento propio. En vez de encontrar satisfacción interna duradera, la persona se topa con la desesperanza y la deshumanización.

Una verdadera historia de amor

Richard era muy adicto al *crack*. Peligroso y arrogante, robaba, asaltaba y aterrorizaba a las personas. En la calle se le respetaba mucho por su fuerza y su poderío. No quería oír hablar de ninguna clase de tratamiento. Aunque tenía muchos amigos que lo apreciaban, ninguno fue capaz de ayudarlo a superar la adicción.

Las buenas nuevas son que hoy Richard está felizmente casado y tiene un hijo. No ha usado drogas por unos ocho años, ha participado en la dirección de uno de mis programas en las Bahamas, y ahora trabaja como misionero en el programa *His Mansión* [Su mansión].

Esa historia se ha repetido un sinnúmero de veces en otras tantas personas. He descubierto que la sanidad llega solo cuando el adicto rompe con su poderoso narcisismo para reconocer un poder más elevado fuera de él. Solo por medio de la reverencia a Dios se puede mantener una perspectiva justa y así encontrar el antídoto del narcisismo.

Si queremos comprender el problema de las adicciones y, en un sentido más amplio, el problema de reverenciar a dioses falsos, tenemos que examinar el ciclo de la adicción.

El ciclo de la adicción

Según Gerald May, «la adicción es un estado de compulsión, obsesión o preocupación que esclaviza la voluntad y deseo de la persona. Es el apego a una sustancia, un pensamiento, una actitud o una conducta que puede continuar consciente o inconscientemente, aunque la persona reconozca que es destructivo para su bienestar. En cierto modo, la adicción hace que todos seamos idólatras porque nos lleva a rendir culto a los objetos a que estamos apegados, y nos impide amar con libertad a Dios y amarnos unos a otros».[2]

Parece que en la formación y desarrollo del niño, hay una asociación entre adicción y disfunción. Ya hemos hablado del vacío interior que se forma en el niño que no es amado de manera adecuada en los primeros meses de vida y de su compulsión narcisista por llenar ese vacío. El mismo vacío que nos empuja hacia seudodioses nos empuja hacia una conducta adictiva.

Ese dolor interior —ya sea un vacío, el sentido de insuficiencia, el ansia de amor o alguna pérdida— se manifiesta en vergüenza, ansiedad, culpabilidad, depresión, ira o aburrimiento. La persona afectada busca un anestésico. Puede ser cualquier cosa que adormezca el dolor; drogas, alcohol y sexo están entre las más comunes. El anestésico alivia la situación en forma transitoria. Sin embargo, sea cual fuere el calmante, siempre genera sus propias consecuencias graves, tales como la culpabilidad, el remordimiento y la insatisfacción.

Abrumado, el drogadicto vuelve al anestésico con más intensidad, lo cual le produce más dolor y depresión. Ante esa situación, aumenta todavía más la dosis del anestésico. La necesidad de cantidades siempre mayores del anestésico se llama tolerancia. En otras palabras, bastante nunca es suficiente.

Otra fuerza motora de la adicción es el síntoma de reajuste. Esto ocurre cuando el comportamiento adictivo disminuye o se detiene. Las reacciones del reajuste se derivan de la reacción del cerebro ante la pérdida de la sustancia adictiva. Esto se puede manifestar en forma de irritabilidad, ansiedad o depresión. Cierto tipo de comportamiento adictivo es sicológico por completo; otros muchos, por el contrario, son químicos y sicológicos.

En la tradición judeocristiana se nos pide que reconozcamos nuestra propia insuficiencia y que pongamos nuestra fe en el Dios verdadero.

La adicción es una falsificación de esta fe. Es una manifestación de lo sagrado del sentimiento; la adicción se nutre del deseo de sentirnos bien o de dejar de sentirnos mal.

La adoración a la diosa de la sexualidad

La diosa de la sexualidad matrimonia al seudodios del narcisismo con el seudodios del sentimiento. Su atracción radica en parte en el valor que le da al yo y, en parte, sencillamente por los sentimientos agradables que produce. No sorprende a nadie que hombres y mujeres estén enviciados con el sexo. Sin duda que es difícil evitar las tentaciones de una sexualidad inadecuada en un mundo que es manejado literalmente con imágenes de atracción sensual.

Como dice Peter Kreeft: «En el mundo moderno la lascivia tiene un origen fundamentalmente distinto. Solía proceder de la carne, de los deseos de la naturaleza caída de la persona; ahora procede del mundo, del condicionamiento social».[3] El condicionamiento social resulta evidente en los anuncios comerciales: compra la cerveza, llévate la chica. Forma parte de nuestras costumbres.

El supuesto fundamental hoy es que la «satisfacción» sexual es una expresión normal de la libertad humana. Como consecuencia, resulta frecuente el tema de la adicción sexual entre los autores de sicología popular, los anfitriones de programas de entrevistas, las series que vemos en la televisión y el maravilloso mundo de internet con sus redes sociales.

La señora Nelson era una viuda de sesenta y ocho años. Disfrutó de la vida educando a sus hijos y compartiendo con su esposo en un matrimonio significativo. También creía profundamente en Dios. Uno hubiera pensado que en esa fase de su existencia viviría llena de paz, saboreando los frutos de su trabajo.

Sin embargo, la señora Nelson un día estaba viendo un episodio de una serie de televisión con una escena sexual muy gráfica. Mientras la pareja hacía el amor, la actriz tenía un orgasmo en el que (así lo contaba la señora Nelson) la mujer oía música, veía fuegos artificiales y estaba completamente embelesada.

La señora Nelson se sintió alterada. Al pensar en su vida, se dio cuenta de que nunca había experimentado nada como aquel orgasmo. Comenzó a sentirse engañada, herida y algo deprimida. Cuando acudió a verme, le recordé que la televisión suele exagerar. También le aseguré que ese sexo que los medios de comunicación promueven está plagado de falsas promesas. Pero el poder de la sexualidad es tan grande que esa querida señora se estaba atormentando con una experiencia artificial e inventada.

Es como el modelo de King Kong en la exposición de efectos especiales en los Estudios Universal. King Kong en realidad solo tiene unos veinte centímetros de altura, pero por medio de efectos computarizados se ve enorme y puede destruirlo todo cuando se desplaza por la pantalla. Cuando permitimos que nos seduzca la versión distorsionada que presenta Hollywood, la sexualidad se puede convertir en un poderoso seudodios que absorbe nuestro tiempo, nuestras fantasías y nuestra energía, y a veces nos impulsa a un comportamiento incontrolable.

Marcus, hombre de negocios muy rico, se quejaba de que no podía mirar a cualquier mujer sin desearla sexualmente. Aunque casado, contaba que algunas noches tenía relaciones sexuales con tres mujeres diferentes. Con el tiempo, los gastos económicos, las mentiras y la sensación de andar fuera de control comenzaron a afectar su negocio.

Me dijo: «Estoy estropeándolo todo. Mi esposa está furiosa. Mis amigas siguen exigiéndome más. Estoy cansado. No puedo dormir. Y lo peor de todo es que, aunque no puedo dejar de tener relaciones sexuales, ya no las disfruto».

Esa historia la pudieran haber contado muchos hombres en nuestra cultura. Se trata de adicción sexual típica, en la que uno utiliza a otras personas para satisfacer las necesidades físicas propias, y para mantener una poderosa imagen narcisista de sí mismo.

Sexualidad y espiritualidad: la conexión con Dios

El tema de la espiritualidad está relacionado con el de la sexualidad. En tiempos de Freud se reprimía la sexualidad, en tanto que había una espiritualidad en cierto modo muy amplia. En los tiempos actuales todo eso ha cambiado. Hoy, por primera vez en la civilización occidental, tanto la sexualidad como la espiritualidad se manifiestan de manera muy franca.

¿Cómo manejamos estas dos poderosas fuerzas que a veces parecen contradecirse mutuamente? ¿Cómo se pueden mezclar de forma adecuada la sexualidad y la espiritualidad? Como ambas implican conocer el yo y a los otros, y están influidas por la relación con Dios, ¿no es concebible que a veces los temas se confundan?

Mi experiencia profesional comprueba los escritos de M. Scott Peck y otros que afirman que la espiritualidad y la sexualidad están íntimamente relacionadas.[4] He observado, por ejemplo, que las mujeres con convicciones religiosas, genuinamente espirituales, suelen tener también una fuerte sexualidad. Es como si la liberación de su fe produjera una liberación de su sexualidad. Muchas personas de sexualidad fuerte también tienen una espiritualidad muy profunda y se preocupan mucho por los demás.

Claro que es posible dejar que nuestra sexualidad desplace a Dios de nuestro corazón y de nuestra mente. La sexualidad se puede convertir en una adicción, como otros seudodioses, cuando se emplea para colmar nuestro vacío y para calmar nuestros anhelos internos.

La sexualidad siempre es una forma de relación entre personas. Y se convierte en una manera saludable de relación cuando mejora el significado y la dignidad de las dos personas implicadas. Para los creyentes, esto conlleva ciertas restricciones que previenen los maltratos. Pero la vida está herida, de modo que nuestro narcisismo mal orientado puede hacernos perder la perspectiva. En vez de resaltar la dignidad de la otra persona, el sexo se puede convertir en un fin en sí mismo.

Si se saca la sexualidad de su perspectiva moral y espiritual adecuada, se convierte en obsesión o en un seudodios. Cuando eso ocurre, se destruyen las personas, se rebajan y se deshumanizan. En una cultura que ha interpretado mal lo espiritual y expresado demasiado lo sexual, la situación se vuelve muy confusa. Los que son promiscuos quizá estén expresando su profundo deseo de Dios.

Por otra parte, muchos de nosotros que nos consideramos espirituales hemos reprimido de manera violenta nuestra sexualidad por temor y legalismo. Dentro del marco moral de nuestra fe, necesitamos encontrar la libertad para expresarnos sin inhibición, al celebrar, dentro del matrimonio, este aspecto maravilloso de nuestra condición humana.

La felicidad está en el servicio

Sea cual fuere el método que escojamos para «sentirnos bien», el carácter sagrado del sentimiento es un seudodios importante en nuestra cultura. Todos quieren sentirse bien y ser felices.

Al dirigirse a un grupo de niños, Albert Schweizer dijo una vez: «No sé cuál va a ser el destino de ustedes, pero sí sé una cosa. De entre ustedes, los únicos que serán felices de verdad son los que busquen y encuentren una forma de servir».[5] Cuánta verdad hay en esta afirmación. Llegar a un equilibrio de espiritualidad madura significa comprometer nuestra vida con el servicio y el deber. La felicidad no se encuentra en rendir culto a nuestros sentimientos.

Al contrario, cuando salimos de nosotros mismos —fuera de nuestra condición de no ser dignos de confianza y de nuestras emociones siempre cambiantes— nos encontramos en contacto con el Santo Totalmente Otro. Al postrarnos en adoración, le damos permiso para que haga que nuestras emociones concuerden con sus planes para nuestra vida. Al servirle y servir a otros en su nombre, tenemos la capacidad de dejar a un lado nuestro falso yo, nuestros falsos dioses y nuestra indigna obsesión de «sentirnos bien».

«Nunca te dejaré, jamás te abandonaré».

—Hebreos 13.5

8

LAS ILUSIONES EXTRAORDINARIAS

Me gustaría examinar dos seudodioses más antes que pasemos a la segunda parte del libro. Me siento tentado a llamarlos dioses «menores», aunque son importantes. Ambos pueden convertirse en dioses falsos por su propio mérito, pero con frecuencia son elementos que forman parte de nuestra veneración de otros dioses falsos. Estos seudodioses son nuestra profunda atracción a lo extraordinario y nuestra incapacidad de darnos cuenta de que la estabilidad es una ilusión.

Erna estaba sentada en mi oficina con los ojos llenos de lágrimas. De edad mediana, se sentía deprimida y desengañada. En respuesta a mis preguntas me dijo: «De veras que esperaba que mi vida sería especial. Cuando joven, soñaba con ser famosa, con tener una casa fabulosa y un esposo muy atractivo. Pensé que iba a tener una familia feliz y un trabajo importante, y así contribuir a la esperanza y a lo significativo del mundo».

Me miró y negó con la cabeza.

«Con el paso del tiempo, las cosas no han resultado así. Nuestro matrimonio prometía mucho, pero no resultó ser lo que había esperado. Mi esposo es muy cariñoso, pero es un esposo común y corriente. Mandamos a los niños a escuelas excelentes, les dimos todo lo que pudimos. Esperamos y le pedimos a Dios que se destacaran. Queríamos que la vida de ellos fuera mejor que la nuestra, pero tampoco han resultado lo que esperábamos. Son muy comunes y corrientes. Este es el problema. Soy una mujer común y corriente con un matrimonio común y corriente. Vivo en una casa común y corriente, tengo una familia común y corriente, y un trabajo común y corriente».

A pesar de todas sus bendiciones, Erna decía: «He vivido en vano». En cierto modo, lo que dice encuentra eco en muchos de nosotros. Por alguna razón hemos llegado a creer que una vida común y corriente es inaceptable, que siempre debemos tratar de alcanzar las estrellas, y que nada que no sean logros estelares se puede considerar como logro.

Por lo tanto, estamos eternamente insatisfechos con lo que tenemos y de manera constante soñamos con esferas más elevadas de vida. Anhelamos ser grandes y no acabamos de lograrlo, por eso nos recriminamos a nosotros mismos. Esos sueños de hecho nos empobrecen, al apartarnos de los talentos que poseemos y al no permitirnos que aprovechemos las oportunidades que se nos brindan.

Algunos dicen: «El neurótico construye castillos en el aire, el sicótico vive en ellos y luego viene el siquiatra a cobrar el alquiler». El veneno de lo extraordinario nos hace sentir que somos magníficos y nos empuja a construir castillos en el aire sin el debido fundamento. Desdeñamos lo común y corriente para anhelar lo sensacional y grandioso.

El culto a lo extraordinario se manifiesta de varias maneras. La primera se relaciona con la forma cómo nos vemos a nosotros mismos.

El yo grandioso

El yo grandioso es un término de siquiatría. Se refiere a la diferencia entre las expectativas de los padres o de la sociedad respecto a una persona y los logros reales de la misma.

Cuando a una familia le nace una niña, los padres desean que sea especial. Desarrollan grandes expectativas en cuanto a sus futuros logros. Estas expectativas pueden muy bien motivar a la niña desde el jardín de infantes hasta los primeros años de secundaria. Sin embargo, cuando llega a la secundaria cualquier expectativa no satisfecha pesa más que los méritos alcanzados.

A medida que pasan los años, la diferencia entre el nivel esperado de logros y lo que ha obtenido se le llama el yo grandioso y se convierte en un sufrimiento constante para la joven.

Muchos de nosotros cargamos con un yo grandioso avasallador que no nos da un momento de descanso. Nos obliga a vivir bajo la autoridad de ciertas expectativas que se nos han impuesto. Cuando no alcanzamos esas metas impuestas, nos lo reprochamos a nosotros mismos.

Eric tenía una relación muy íntima con su padre, pero este tenía grandísimas expectativas para su hijo, sobre todo en lo académico. Eric se desempeñó bien en los primeros años de estudio, pero en la secundaria no tuvo la capacidad de alcanzar los puestos destacados de la clase, y comenzó a caer por debajo de las expectativas de su padre. Eso lo deprimió, porque quería complacer a su papá.

Cuanto más deprimido se sentía, peores eran los resultados. Angustiado, recurrió a las drogas. Después de tomar cocaína por un tiempo, llegó a la conclusión de que el fracaso mayor de su vida fue haber defraudado a su padre. Me describió esa situación de esta manera: «Cuando inhalaba cocaína, me liberaba. No sentía que llevaba una carga pesada sobre mis hombros. Pero una vez que pasaban los efectos de la droga, tenía que hacerle frente a mi vida y volvía a sentirme un fracasado».

Nuestro peor enemigo

Muchos adultos siguen tratando de conseguir la aprobación de sus padres. Pero el yo grandioso no siempre se basa en las expectativas de otros, a veces nos exigimos demasiado. Muchos de nosotros nos imponemos cargas exageradas de perfeccionismo y ambición porque le tenemos miedo a ser incapaces e insuficientes. Recuerdo que una vez me contaron que alguien se había comprometido a ser el primer ministro de su país antes de cumplir los cincuenta años. Al llegar a los cuarenta y nueve, como ni siquiera había comenzado a participar en política, se vio obligado a replantearse su intención o sufrir un tremendo sentimiento de fracaso.

Los sueños que permitimos que se alberguen en nuestro corazón se convierten en motivadores poderosos, aunque también nos pueden censurar. Cuando no reflexionamos acerca de nuestros sueños, comparándolos de vez en cuando con la realidad, nos pueden llevar a la frustración y al fracaso. Si tenemos buenos y sinceros amigos, ellos nos pueden ayudar a la hora de pasar revista a la realidad.

Una vez soñé con ser un corredor de velocidad famoso mundialmente. En una de las primeras carreras de velocidad celebradas en la escuela, le gané a uno de los campeones. ¡Qué sensación tan estimulante! Imaginé que podía repetir ese triunfo en alguna competencia internacional. Sin embargo, con el paso de los años, no me dediqué a esa disciplina. Ahora, ya con cincuenta años, sería tonto seguir cultivando ese sueño. Si mis amigos me quieren, me dirán: «David, deberías olvidarte de ese sueño. No va a hacerse realidad».

Algunos de los sueños que cultivamos pueden ser simples fantasías, pero una vez las interiorizamos en nuestro corazón, nos van guiando de manera subconsciente. En nuestra búsqueda de la perfección, olvidamos hacer lo que estamos en mejores condiciones de hacer.

Por otro lado, los medios de comunicación y las redes sociales, tan centrados en los ricos, los famosos y lo increíble, amplía esa tendencia. Una mujer de nombre Raquel me dijo que le encantaba ver los anuncios de televisión que presentaban a modelos altas y delgadas. Después de ver esos anuncios comerciales, en un arranque de inspiración, se iba a comprar vestidos de talla demasiado pequeña. Su justificación era que si compraba tallas más pequeñas que la que necesitaba, al ver los vestidos en el armario se motivaría a perder peso. Ahí estaba, algo gruesa y con un guardarropa con vestidos que no podía ponerse, viviendo en un mundo de fantasía.

Movido por la ambición personal

La ambición personal es una fuerza que motiva mucho. Puede proceder de un sentido de insuficiencia y también la puede tener una persona con mucho talento que quiera lograr lo mejor. El problema radica en que una vez que uno se sube al carrusel de la ambición, este nunca deja de dar vueltas. Cuanto más logra, más ansía conseguir.

En cierta ocasión leí acerca de un hombre de negocios que abrió una tienda de ropa de mujer. La empresa tuvo éxito y, desde el punto de vista económico, le iba bien. Pero no le bastó, tenía que expandirse. Después de abrir varias tiendas más en su propio estado, pasó a crear una corporación nacional. Esa gran expansión aumentó mucho sus gastos administrativos y las deudas, por lo que al poco tiempo todo ese imperio se vino abajo. Desalentado y desmoralizado después de declararse en quiebra, se quitó la vida.

Cuando nos presionamos mucho a nosotros mismos, tratamos de desempeñarnos en un nivel que está más allá de nuestra competencia. Cuando ocurre eso, nos destruimos a nosotros mismos. A pesar de todo, el deseo de tener éxito que a menudo está motivado por sentimientos de insuficiencia, hace que nos extendamos más allá de nuestra capacidad de trabajar con calidad.

Un problema que prevalece es la sensación crónica de insuficiencia. En el caso de quienes tienen una orientación básica para conseguir logros, es una fuerza motivadora fundamental en la vida. Es indispensable que pasemos revista a nuestras metas a la luz diáfana de la realidad. Es preciso que permitamos que nuestras ambiciones personales nos motiven, no que nos hagan perder la fe en nosotros mismos. La búsqueda de lo extraordinario nos motiva a tratar de alcanzar cosas muy grandes, pero también nos quita nuestra condición humana fundamental. Nos hace perder la fe en nuestros propios talentos y en nuestra potencialidad. Nos decimos: «A menos que logre desempeñarme en forma extraordinaria, ni siquiera lo intentaré».

Jesús estaba en Caná, en la fiesta de bodas, cuando el vino se acabó. Su madre se le acercó para decirle: «No tienen vino». Jesús les dijo a los sirvientes que llenaran las tinajas que tenían con agua. Así lo hicieron, y entonces Jesús convirtió el agua en el mejor vino posible (Juan 2.1-10).

Esto ilustra un principio muy profundo. Debiéramos comenzar con lo que tenemos. En otras palabras, no descartemos las tinajas. Llenémoslas con agua común y corriente. Utilicemos lo que tenemos y dejemos el resto a Dios. Como enseña la Palabra, cuando somos fieles en lo pequeño, el Señor bendice con cosas grandes. Es Él, no nosotros, el que puede lograr mucho más; mucho más de lo que pudiéramos pedir o imaginar.

Lo mayor es lo mejor

Jim comenzó pobre pero logró mucho en el campo de bienes raíces con fines comerciales. Siguió ampliando su cartera de propiedades, haciendo más negocios y comprando más terrenos. Luego, a finales de la década de los ochenta, el mercado se derrumbó y lo perdió todo. Estaba tan enviciado con el éxito, viviendo en la lujuria de lo extraordinario, que no supo adaptarse a ser de nuevo una persona común y corriente. Ahora Jim se está destruyendo con el exceso de alcohol.

También algunas iglesias tienen la mentalidad de que «lo mayor es lo mejor». Se puede encontrar una iglesia que sea acogedora, común y corriente, con una hermosa y unida congregación. Luego, pensando en crecer, construyen un edificio más grande. Eso implica más esfuerzo económico para la iglesia, lo cual significa que hay menos dinero para programas en la comunidad o para las misiones. Al poco tiempo, la iglesia tiene que concentrarse en generar fondos y comienza a introducirse una cierta frialdad espiritual. Quizá el deseo de crecimiento debiera ocurrir dentro de cada persona de esa iglesia y no en la cantidad de miembros.

Las familias también pueden sucumbir ante «lo mayor es lo mejor». Tenemos una pequeña casa de campo que se va convirtiendo en una gran mansión para el verano. Compramos un pequeño barco de vela y al poco tiempo ya necesitamos uno de siete metros de largo. Comenzamos disfrutando algún deporte, solo por un rato, en algunos fines de semana. Al poco tiempo, dedicamos todos nuestros fines de semana a ese deporte. El tiempo libre y el placer que derivamos de él se convierten en un seudodios en sí mismo. El ansia de lo extraordinario ahoga el disfrute y disminuye el significado de nuestra existencia.

En busca de lo sensacional

La tentación de lo extraordinario nos acompaña siempre. En la segunda tentación de nuestro Señor, se le sugirió que se arrojara desde el pináculo del templo para que los ángeles de Dios pudieran sostenerlo. Aquí está la tentación del sensacionalismo. Nuestro Señor respondió al maligno: «No tentarás al Señor tu Dios».

Está claro que Jesús realizó muchos milagros sensacionales, pero su rechazo a la insinuación de Satanás muestra que el Señor sabía que nunca se encuentra el verdadero significado de la vida en lo sensacional.

Los humanos tendemos a anhelar revelaciones milagrosas. Queremos vivir experiencias de las de una entre un millón. Deseamos que alguien aporte a nuestra vida una relación espléndida y transformadora. Deseamos encontrar una iglesia que nos brinde un ambiente y una comunión perfectos. ¿Hacia dónde nos conduce todo eso? Nos lleva de nuevo a nuestro falso yo, a nuestra fachada que finge hasta conseguir lo que se propone. El problema es, como en el caso de cualquier otro dios falso, que la búsqueda de lo sensacional fracasa y nos volvemos a encontrar con nuestro verdadero yo.

María era una joven pobre y sencilla, pero permitió que Dios tomara posesión de su vida, lo cual hizo el Señor. Cuando llegó el momento en que su hijo debía nacer, aunque no había espacio en la posada, los animales le ofrecieron el lugar necesario. El Dios del universo nació en un pesebre. Así ocurre en nuestra vida hoy: cuando le permitimos a Dios entrar, Él lo hace.

Un jovencito renunció a su almuerzo: cinco panes y dos peces. Fue una ofrenda pequeña, pero al entregarle a nuestro Señor todo lo que tenía, alimentó a más de cinco mil personas.

David, cuando se enfrentó a Goliat, llevaba consigo su honda común y corriente, la que había utilizado toda su vida. Con la fortaleza de Dios y un puñado de piedras comunes y corrientes, mató al gigante.

Moisés fue educado en el palacio del Faraón pero tuvo que salir del país lleno de deshonra. Después de cometer un homicidio y sentirse rechazado, perdió la confianza en sí mismo. Estaba cuidando ovejas en la ladera de una montaña cuando se encontró con Dios en una zarza ardiente. Dios lo sacó de sus responsabilidades como pastor de ovejas para darle poder para hacer algunos de los milagros más espectaculares que jamás se hayan realizado.

Cuando le damos lugar a Dios en nuestra vida común y corriente, suceden cosas extraordinarias. Pero ocurren bajo sus condiciones, en su tiempo y con su poder. El principio es estricto: su poder se perfecciona en nuestra debilidad (2 Corintios 12.9).

La ilusión de la permanencia

Ya sea que estemos frente al narcisismo, al seudodios de la conformidad, al del deseo de «sentirse bien» o al culto a lo extraordinario, en todos estos seudodioses está presente la ilusión de que las cosas seguirán siempre igual. Eso forma parte del proceso de seducción en que desarrollamos nuestros seudodioses. Por medio de la negación se va limitando la realidad.

La negación no es solo un mecanismo sicológico negativo de defensa, también es una técnica que utilizamos en todos los aspectos de la vida. Por ejemplo, sabemos que un día moriremos, pero mediante un proceso de negación podemos mantener a la muerte fuera de la mente y vivir sin pensar en ella.

Henri Nouwen, en sus escritos sobre la espiritualidad, comenta que los sentimientos de dolor en nuestro corazón son poderosos y terribles. A veces son abrumadores. Para poder manejarlos, creamos ilusiones. A diferencia de la alucinación, la ilusión contiene un objeto real. El problema es que interpretamos mal cuál es ese objeto. Por ejemplo, se puede pensar que un trozo de papel que vuela en el cielo es un ángel. El objeto es real: un trozo de papel. Sin embargo, es una ilusión decir que ese trozo de papel es un ángel.[1]

Podemos llamar ilusiones a los seudodioses analizados en este libro. Estas ilusiones nos distraen del dolor y del sufrimiento de la vida. Y la ilusión de la permanencia es un poderoso fenómeno que no solo nos hace desarrollar otros seudodioses, sino que también funciona como un seudodios en sí.

Henri Nouwen escribió que el tercer paso de la vida espiritual es transitar de la ilusión a la oración. La oración es lo único que nos permite romper con nuestra ilusión y hacerle frente a la realidad. Por eso, según Nouwen, pasamos de la soledad al aislamiento, de la hostilidad a la hospitalidad y, por último, de la ilusión a la oración. La oración es comunión con Dios. Solo aprendemos a orar cuando nos damos cuenta de que necesitamos hacerlo. La oración es Dios que habla por medio nuestro, dando testimonio del significado y propósito de la vida. Como dice Merton: «La oración no nos ciega al mundo, sino que transforma nuestra visión del mundo».[2]

La ilusión frente a la muerte

Al darnos cuenta de la naturaleza transitoria de la vida, tratamos de crear una ilusión de permanencia. Esa ilusión se manifiesta en diversas formas. En primera instancia, la empleamos para contrarrestar el temor de la muerte.

Cuando era niño, me encontré una que otra vez ante la muerte de amigos y familiares. No obstante, pensaba que mi familia era el Peñón de Gibraltar. Mi padre y mi madre siempre habían estado conmigo, y estaba seguro en mi corazón de niño que iban a estar siempre.

La experiencia de la muerte nunca es fácil y es sorprendente la manera como nos defendemos de su implacable realidad. Rara vez pensamos o hablamos de nuestra muerte y cuando se nos presenta tratamos de disminuir cuanto antes su efecto en nosotros.

Estoy escribiendo este capítulo en el día de Acción de Gracias, y me encuentro en los bellísimos bosques del estado de Virginia. Es precioso caminar por los bosques para ver los árboles sin hojas. Pero al contemplar la quietud del ambiente invernal, pienso en cómo se parece la muerte al invierno. Como esta estación que se aproxima, la muerte llegará, estemos o no preparados.

El año pasado, en los días de Navidad, murió el hijo de un amigo. Fue un golpe terrible. Mientras conversaba con mi amigo me dijo: «Todos mis sueños dependían de ese muchacho. Habíamos planeado hacer muchas cosas juntos, incluso entrar en negocios. Esto no puede ser verdad. ¡No ha sucedido!»

Con el paso de las horas, la realidad lo convenció —y me convenció— de que el muchacho estaba muerto. Durante esos momentos de tranquila conversación me di cuenta de que no estábamos hablando solo de la muerte del hijo de mi amigo. Mi amigo estaba hablando de sí mismo. Estaba hablando de mí. Estaba hablando de mis hijos. Nunca había estado tan presente ante nosotros la fragilidad de la vida.

La vida sigue su curso

Del mismo modo que no nos gusta pensar en la muerte, no siempre queremos enfrentarnos con los factores que afectan nuestros negocios. No nos gusta examinar los hechos y las cifras. Damos por sentado que el mercado de bienes raíces siempre prosperará, que no habrá recesiones o depresiones. Hacemos planes grandiosos basándonos en una visión seductora de un mundo inmutable. Bajo esa ilusión, nos proponemos metas ambiciosas, ampliamos el negocio, aumentamos los gastos. Luego descubrimos que eso que llamamos permanencia no existe.

Joel procedía de un ambiente muy pobre. Había trabajado mucho durante toda su vida. Sus padres no pudieron ofrecerle gran cosa, apenas si pudo completar la escuela secundaria. Con una ayuda monetaria que recibió, pudo reunir suficiente dinero para ir a la universidad. Una vez graduado, se esforzó mucho por conseguir seguridad económica. Trabajó día y noche, por lo que tuvo bastante éxito. Participó en una serie de negocios de bienes raíces con buenos resultados; en esa época el mercado estaba en auge y ganó mucho. Se volvió rico y poderoso. Con la riqueza vino la ilusión de la permanencia. Pensó que la buena vida iba a durar para siempre.

Además de enriquecerse, Joel también se volvió un tirano. Injuriaba a su esposa, lo cual hizo que al cabo del tiempo el matrimonio se destruyera. Poco después la economía entró en quiebra. Se cerraron algunos bancos. El valor de los bienes raíces se hundió. Joel lo perdió todo. Tuvo que declararse en bancarrota, una experiencia humillante y dolorosa para él.

Joel todavía se estremece cuando describe esos meses terribles. Cuando alguien ha pasado por esas experiencias se vuelve cauteloso. En cierto sentido, el temor convirtió a Joel en una persona más prudente. Ha comenzado a rehacer su vida, pero ahora se asegura de examinar todos los factores. Quiere trabajar a partir de la verdad, no de la negación.

La naturaleza sigue su curso

Nos resulta fácil crearnos la ilusión de la permanencia con respecto a la naturaleza. Por otra parte, es difícil imaginar trastornos importantes en el mundo que nos rodea y es fácil pensar que todo seguirá siempre igual. En las Bahamas sabemos que va a haber huracanes. En California todo el mundo habla de cuando se producirá el «gran» terremoto que se viene anunciando. Pero incluso en lugares donde más o menos se espera que ocurran desastres naturales, vivimos en calma entre crisis.

En el verano de 1993 se produjeron violentas inundaciones en las estados centrales de Estados Unidos y devastadores incendios en California. Ante tales sucesos, nos sentimos indefensos e incrédulos. Cuando el río Misisipí comenzó a amenazar un pequeño hotel, vi al dueño esforzándose con ahínco en colocar sacos de arena alrededor. Cuando lo entrevistaron le dijo al periodista: «Es todo lo que tengo. Toda mi vida la he dedicado a este negocio».

Frente a una tragedia semejante, todo lo que consideramos importante de repente lo sentimos como frágil e inseguro. Y nos parece increíble, cuando se produce en alguna parte de Estados Unidos una inundación o un incendio que, a pesar de toda nuestra tecnología y pericia, somos impotentes para combatirlos.

Los que han pasado por la experiencia de un terremoto describen que sintieron que la tierra —esa masa confiable, firme como una roca, sobre la que edificamos la vida— traqueteaba, se balanceaba y temblaba sin control. Dicen que es una sensación terrible. Los terremotos nos recuerdan con certeza que la vida es transitoria. Con todo, encontramos formas de crear negaciones y de producir ilusiones de permanencia que nos permiten seguir adelante. Luego viene la sacudida. No es fácil enfrentarse con la falta de permanencia. Es muy doloroso pero extraordinariamente importante.

En salud y en enfermedad

Del mismo modo que confiamos en que la tierra sea un cimiento estable y firme para nuestra vida, también esperamos que nuestro cuerpo nos aguante sin fallar. No apreciamos bastante la salud. No cuidamos el cuerpo, incluso lo sometemos a maltratos y, de repente, cuando nos da un dolor de muelas o un dolor abdominal o de espalda, nos derrumbamos. Todos los días enferman miles y miles de personas; sin embargo, de alguna forma seguimos adelante felices, sin valorar la salud. Nos aferramos a esa ilusión de invencibilidad: «Puedo hacer todo lo que se me antoje y siempre estar bien». Por eso comemos en exceso, no hacemos ejercicio y maltratamos de muchas otras formas nuestro cuerpo.

Carla era una mujer joven y saludable. Tenía tal energía que no podía estar nunca quieta y no había tenido que ir al médico por años. Cuando descubrió que tenía cáncer casi no lo pudo soportar. Sintió como si su cuerpo la hubiera traicionado. Pensó que Dios la había abandonado. Aunque pudieron operarle el cáncer, los cimientos de Carla se estremecieron. El cáncer la colocó cara a cara ante el hecho frío y difícil de que era sencillamente humana y que, por lo tanto, estaba sujeta a la muerte y al deterioro.

«¡Eso nunca me sucederá a mí!»

Vemos a amigos, como Carla, con cáncer o con problemas cardiacos. A veces los vemos morir o nos enteramos de que esas enfermedades han matado a alguien que conocemos. Nos cuentan que hijos de amigos nuestros son drogadictos, vemos a hijos de conocidos que se vuelven delincuentes. Leemos en los periódicos acerca de violaciones, asaltos y homicidios y, a pesar de todo, pensamos: ¡Eso nunca me sucederá a mí! Es como si viviéramos en un cuento de hadas.

Los cuentos de hadas son muy bonitos para los niños, pero a los adultos les pueden causar dolor. Esa parte de «y vivieron para siempre felices» no se da en la realidad, no existe. Recordamos que después que la Cenicienta se encontró con el hada, también se encontró con el príncipe. O la Bella Durmiente despierta de su letargo para encontrarse con el hombre soñado. Incluso los cristianos desarrollan su propia clase de pensamiento mágico, creyendo que si Dios los ama y se comportan bien, nada malo les va a suceder.

La realidad es que, a pesar de nuestra ilusión de permanencia, vendrán problemas. Es muy importante, cuando todo va bien, que apoyemos sin juzgar ni quejarnos a los que sufren. Sin duda que es solo cuestión de tiempo antes que también nosotros necesitemos que alguien nos ayude.

La vida humana es completamente dependiente, y nuestro Creador quiso que fuera así. Lo necesitamos a Él. Nos necesitamos unos a otros. Y necesitamos recordar que nadie ha prometido nunca que «el cielo siempre será azul». Lo único que sí sabemos es que, suceda lo que suceda, nuestro Señor ha dicho: «Nunca te dejaré, jamás te abandonaré» (Hebreos 13.5).

La carrera de toda una vida

La ilusión de la permanencia afecta nuestra carrera. Una vez nos hemos adaptado a un trabajo, tenemos la ilusión de que siempre lo tendremos. Pero una de las experiencias más dolorosas de la vida es perderlo. Cuando eso ocurre, a menudo perdemos la autoestima, nuestra identidad y nuestro significado. La interrupción de la carrera nos puede dejar desesperados.

Muchos de los que formamos parte de la profesión médica, por ejemplo, estamos comenzando a ponderar el futuro de esta carrera. Hay varios indicios de que las cosas no van a seguir igual: los cambios en el programa nacional de salud pública, el número creciente de demandas por tratamientos erróneos o negligencia y, en general, las presiones de tiempo que pesan sobre los médicos, están haciendo desaparecer la autonomía del galeno.

Algunos miramos con tristeza el futuro de la medicina, aunque quizá hemos desarrollado un sentido narcisista de que tenemos derecho a lo que la situación actual nos da, expresada en una ilusión de permanencia. Hemos estado funcionando posiblemente a partir del supuesto de que todo seguirá siempre igual y que nuestras posiciones privilegiadas son inexpugnables. Lo lamentable es que la vida no es así.

Ya sea en el caso de la muerte, o en el de los negocios, de la naturaleza o de la salud, sin duda que la ilusión de la permanencia es un poderoso seudodios. Si queremos que se postre ante el Santo Totalmente Otro, debemos recordar la naturaleza temporal de la vida.

La Biblia dice: «El mundo se acaba con sus malos deseos» (1 Juan 2.17).

«¡Y eso que ni siquiera saben qué sucederá mañana! ¿Qué es su vida? Ustedes son como la niebla, que aparece por un momento y luego se desvanece» (Santiago 4.14).

Por fortuna, los cristianos poseen una perspectiva eterna que les permite valorar lo temporal sin dejarse controlar por él. Nuestras decisiones, convicciones y conducta temporales deberían reflejar el testimonio de lo eterno. Nunca debiera permitirse que una carrera terrenal y temporal erosionara nuestra vocación, que es dada por Dios y que es eterna.

Más allá de los seudodioses

Es fácil dejarse seducir por los dioses de nuestra cultura, ya sean él narcisismo, la conformidad, el materialismo, las experiencias emocionales, los sueños sensacionales o la ilusión de la permanencia. Esos dioses falsos, a pesar de la fascinación y el atractivo que poseen, están destinados a ser derribados. No pueden sobrevivir. No nos pueden salvar de nuestra condición de seres heridos. No pueden usurpar para siempre la soberanía del Santo Totalmente Otro, que es celoso a la vez que justo.

Con esto bien presente, pasemos a confirmar de nuevo nuestro compromiso con la fe.

Hagamos que nuestros falsos dioses se rindan voluntariamente ante el único Dios verdadero, con lo que nos salvaremos del asolamiento que puede producir la muerte repentina e incontrolable de esas deidades. Apartemos de nuestra vida la destructora influencia de ellos y sigamos las prioridades de Dios, es decir, postrémonos ante Él, el Santo Totalmente Otro, y sirvámonos los unos a los otros.

Desechemos la ilusión y abracemos la realidad de la oración a Aquel que puede transformar nuestro mundo vano con el poder de su presencia extraordinaria, que puede introducir la vastedad de la eternidad en el breve lapso de nuestra transitoria vida.

CÓMO ENCARAR AL YO HERIDO

Brian, el abogado que conocimos en el segundo capítulo, cuando perdió el caso más importante de su vida describió su mundo como «destruido». Se sintió desalentado, ansioso, frustrado; la vida perdió todo su significado para él.

Huyó de manera tan precipitada hacia las Islas Vírgenes, lleno de tantas preocupaciones, que no se molestó en comunicarse con su punto de destino antes de salir. Al llegar, se sorprendió al enterarse de que el huracán Hugo había asolado la isla. Árboles arrancados de raíz, postes eléctricos en el suelo y casas dañadas, daban testimonio del caos que se había apoderado de la isla; fiel reflejo de la desesperanza y devastación que sentía en su propio corazón.

Cuando caen los seudodioses nos sentimos abandonados y nos vemos obligados a encarar nuestro yo herido, con toda su tragedia, caos y desesperanza. Brian me dijo más tarde que comprendió cómo las personas se pueden suicidar a causa de las dolorosas heridas narcisistas. Esta terrible idea del suicidio también pasó por su mente.

La doctora Adrienne Jones, que también conocimos en ese capítulo, dijo que cuando supo que tenía cáncer, su mundo se vino abajo. ¿Cómo podía haberle sucedido a ella semejante cosa? Su vida había ido progresando sin cesar y el dios de su carrera había permanecido intacto. En última instancia, aparte del cáncer, lo más difícil de encarar fue el dolor de su yo herido. Se sintió vacía, enojada, deprimida; como si se hubieran apagado las luces en su vida. Quería gritar y llorar. Cuando se derrumban nuestros seudodioses, también se derrumba nuestro yo.

La tragedia de la pesca con arpón que ocasionó la muerte repentina de mi amigo Wendell dejó abrumados a sus seres queridos. Su padre y yo pasamos mucho tiempo juntos en los días siguientes a la tragedia. Se describía a sí mismo como aturdido, triste, deprimido ante la herida abierta. No es fácil encarar el yo herido.

Las personas son sagradas y hay que acercarse a ellas con temor y respeto. Su vida interna es aun más sagrada. Cuando nos ocupamos del yo herido de alguien, debemos hacerlo con cautela y de manera respetuosa. En realidad, los seres humanos somos más frágiles que lo que queremos admitir. Cuando nos ocupamos del yo herido, es importante tener a mano una cierta clase de guía. En este capítulo espero desarrollar un marco conceptual que nos ayude a encarar al yo herido.

Para quebrar la tiranía que un seudodios ejerce sobre nosotros, como en los casos de Brian, la doctora Jones y el padre de Wendell, debemos encarar nuestra condición herida. Hay que poner de manifiesto ese vacío para poder sanarlo. Pero ¿cómo? ¿Qué hay que hacer?

¿Qué dice el Libro?

Jesús se refirió a eso cuando un intérprete de la ley se le acercó para preguntarle: «¿Qué debo hacer para que mi vida aquí y en el más allá tenga significado?» En otras palabras: «¿Qué debo hacer para vivir en forma adecuada? ¿Cómo puedo encontrarle sentido a lo que sucede en mi interior, en mi familia y en todo lo que me rodea?»

En respuesta, Jesús le preguntó: «¿Qué está escrito en la ley?» (Lucas 10.26).

Todas las religiones importantes tienen un libro sagrado. En la tradición cristiana tenemos la Biblia. Es la Palabra por medio de la cual Dios, el Único omnisciente, se nos revela. La Biblia afirma que Dios habló y el mundo fue creado. Del mismo modo en que habló para crear al mundo, nos vuelve a hablar cuando leemos el Antiguo y el Nuevo Testamento. Si su Palabra pudo crear al mundo, ¿podemos permitirnos el lujo de no leer o escuchar esa Palabra todos los días? Es crucial que, en esta época, volvamos a nuestra fe cristina y entendamos al Libro.

Un relato para todos los tiempos y lugares

En respuesta a la pregunta de Jesús, el intérprete de la ley dijo: «Ama al Señor tu Dios con todo tu corazón, con todo tu ser, con todas tus fuerzas y con toda tu mente", y: "Ama a tu prójimo como a ti mismo"» (Lucas 10.27).

Jesús dijo: «Bien has respondido; haz esto, y vivirás».

Tratando de justificarse a sí mismo, el intérprete de la ley preguntó: «¿Y quién es mi prójimo?»

Jesús le respondió con un relato. Contó que un hombre se dirigía de Jerusalén a Jericó. En el viaje, unos ladrones lo atacaron e hirieron, despojándolo de todo y dejándolo malherido junto al camino. Pasó un sacerdote, pero pensó algo así: *Quizá si me detengo para ayudarlo, los mismos que lo atacaron me pueden atacar a mí.* Cruzó al otro lado del camino y se alejó.

Pasó un levita, otra persona al servicio del templo. Pensando de la misma forma, también cruzó el camino y se alejó. Podemos imaginar el sentimiento patético del herido cuando se fue dando cuenta de que quienes creía que eran parte de su vida, de su cultura, de su fe, lo dejaban moribundo junto al camino. Es doloroso que lo rechacen a uno, pero lo es mucho más cuando lo hacen los que se supone que deben cuidar de uno.

El herido empezó a perder la esperanza. Vio a lo lejos a un samaritano, una raza diferente a la de él, que se acercaba montado en un asno. Es probable que pensara: *Si mi propia gente no me ayudó, este extranjero no va a hacer absolutamente nada por mí.* Pero el samaritano desmontó, limpió las heridas con vino y aceite, las vendó, lo montó en el asno, y lo llevó a un lugar donde lo podían cuidar. Se quedó con él por un tiempo, y luego dejó dinero para que lo siguieran cuidando. Incluso prometió pagar, si era necesario, cuando regresara.

Jesús entonces le preguntó al joven intérprete de la ley: «¿Quién, pues, de estos tres, te parece que fue el prójimo del que cayó en manos de los ladrones?»

El intérprete de la ley respondió de manera acertada: «El que usó de misericordia con él».

Observo una aplicación importante en este relato, a la luz de nuestro deseo de abandonar a los seudodioses. Como el hombre del relato, también nosotros estamos de viaje. En cierto sentido, hoy somos personas diferentes de lo que éramos ayer. Han cambiado muchos millares de millones de células en nuestro cuerpo. Algunos de nosotros procedemos de un sereno paraíso religioso como Jerusalén, con una estructura, seguridad y familia intactas. Todo era espléndido y hermoso. El mundo del *crack* y de la cocaína era desconocido para nosotros. No había desintegración familiar ni maltrato infantil. Luego, como el hombre del relato, comenzamos a transitar por un camino desconocido, hacia Jericó en el valle. Ahora nos encontramos en un lugar de diversidad, valores que compiten, inseguridad, anonimato y soledad.

Al avanzar por ese camino, asustados e inseguros, nos hieren. Los delincuentes, las drogas, la desintegración familiar, el maltrato infantil, el estrés y las presiones económicas, nos han dejado en una situación de aturdimiento, postrados al borde del camino. Aunque hemos estado conscientes de que hay heridas en nuestro país, nuestro estado, nuestra comunidad, nuestra iglesia y nuestra familia, ahora nos encontramos cara a cara con las heridas de nuestro propio yo.

Todos somos personas con desperfectos. Tenemos componentes adecuados y otros inadecuados. No importa quiénes seamos o cuán poderosos seamos, hay elementos en nosotros que resultan difíciles de armonizar. Es nuestro yo herido. A lo largo de la vida hemos escuchado voces que nos decían: «¡No eres lo bastante bueno!», «¡Qué estúpido eres!» «¡Nunca lo lograrás!»

Hemos pasado la vida reprimiendo nuestro yo herido y desarrollando un falso yo para protegernos. Al hacerlo, proyectamos arrogancia y un falso sentido de confianza a fin de encubrir nuestra inseguridad. Muchos estamos heridos y ni siquiera nos damos cuenta. En realidad, algunos nos estamos destruyendo y ni siquiera estamos conscientes de ello.

La religiosidad fingida no ayuda

Llega el sacerdote. En esos días el sacerdote era la última palabra en cuanto a religión, cultura, política, educación y medicina. Se suponía que tenía todas las respuestas. Pero después de echar un vistazo al hombre herido y ensangrentado, cruzó el camino y se alejó.

Es difícil evaluar la dinámica síquica de una persona sin hablar con ella, pero opino que el sacerdote mismo estaba herido y se encontró con un conflicto entre su falso yo defensivo y su yo reprimido herido. Al ver al hombre lesionado, el sacerdote se encontró quizás por primera vez, cara a cara, con su propia herida. Pero al cerrar los ojos a su propia condición herida, ahora la veía proyectada en aquel hombre. Este le devolvió la imagen de su propia condición herida.

Al igual que el sacerdote, a veces mantenemos separados, a toda costa, los elementos adecuados de los inadecuados. Y luego los proyectamos en nuestra esposa o nuestro esposo, en nuestros hijos, o en nuestros colegas de trabajo. Cualquiera que sea débil, como el ensangrentado hombre del relato, se convierte en receptor de la proyección de nuestras heridas. Nos alejamos lo más rápido que podemos mientras decimos: «Dios lo bendiga». Pero ¿a quién engañamos?

La actividad social tampoco ayuda

Luego llega el levita. Era una persona que servía en el templo; la quintaesencia de hacer el bien, la personificación de la acción social. Pero una vez más, apartó sus elementos heridos, los proyectó en el pobre hombre, y se alejó con su falso yo. Muchas de nuestras así llamadas «participaciones sociales», aunque excelentes en metodología, ponen a un lado a la persona para convertirse en defensas burocráticas para no ocuparse de los problemas de la persona. A menudo la conducta se ve influida por el tipo de razonamiento moral que adoptamos. Consideremos estos ejemplos de razonamiento moral que ha desarrollado el profesor Lawrence Kohlberg de Harvard.[1]

- El narcisismo ético dice: «Todo es mío. Yo solo me cuidaré a mí mismo».
- El hedonismo ético dice: «La vida es un caos, pero sáquele todo el provecho que pueda. Coma, beba y alégrese porque mañana morirá».
- El relativismo ético dice: «Cuide lo que es suyo. Ayude a quienes forman parte de su grupo, de su raza y olvídese de los demás».
- El autoritarismo ético (llamado también la posición Watergate) afirma: «Sí, sé que está mal, pero el Presidente dijo...» O expresa: «Sí, sé que mi vocación dice que debiera ocuparme de mis hijos, pero mi carrera es la que gobierna mi vida».
- El utilitarismo ético dice: «El bien mayor para la mayor cantidad posible o para los más poderosos». Eso está bien siempre y cuando uno forme parte de ese grupo o de esos poderosos.

El modelo samaritano

Al igual que el sacerdote y el levita, necesitamos una ética que ponga de relieve el significado de la comunidad y del desarrollo de valores personales en nuestra vida. Necesitamos aprender de nuevo el modelo samaritano. Es importante que recordemos que en épocas de crisis y transición culturales como las que estamos viviendo, nuestro primer deber es reafirmar la verdad fundamental. Permíteme insistir en los principios que Jesucristo enseñó acerca del amor; tanto a nuestro yo herido como a nuestro prójimo herido.

Hay diez componentes en el modelo samaritano que nos dan un marco útil a partir del cual encarar nuestro yo herido.

El modelo samaritano se basa en el amor

Del mismo modo que el samaritano extendió la mano para ayudar al hombre malherido, así el amor de Dios nos extendió la mano en su Hijo Jesucristo. Él vino a vivir entre nosotros para identificarse con nosotros y compartir nuestro dolor. Su amor incondicional nos da la gracia para encarar nuestro yo herido y para superar nuestro falso yo defensivo. Nos permite enfrentarnos con lo adecuado e inadecuado en nuestro yo y con los elementos aceptados y rechazados que hay en él.

Dios nos permite enfrentarnos con nuestro dolor de manera que podamos convertirnos en personas completas. El amor de Dios nos libera de la represión, de la separación y de la proyección de nuestra condición herida. Pero ese amor también debe traducirse en amor los unos hacia los otros.

El modelo samaritano valora lo común y corriente

El samaritano no salió esa mañana dispuesto a realizar una buena acción. Estaba ocupado en sus tareas comunes y corrientes. Para sanarnos a nosotros mismos y a nuestro prójimo, debemos reconocer que hay significado y esperanza en nuestro corazón, nuestros hogares y en el lugar donde trabajamos; es decir, en lo común y corriente. Y además, que al emplear cualquier vino y aceite, comunes y corrientes, dispondremos de poder sanador.

El modelo samaritano es compasivo

A no ser que sintamos el dolor y las heridas en nuestro propio corazón, será difícil que veamos las lesiones de los demás. Como personas de fe, a no ser que aceptemos nuestro quebranto y nuestro dolor, será difícil que veamos el padecimiento en el rostro de nuestro hijo, de nuestro cónyuge.

El samaritano supo extender la mano al hombre herido porque estaba en contacto con su yo total. No necesitó apartar y proyectar sus propias heridas. En lugar de eso, se acercó al hombre herido por compasión.

El modelo samaritano es valiente

Aun cuando nos rodee el peligro, si vemos que tenemos una misión que cumplir, actuamos a pesar del riesgo. Valor no es ausencia de peligro sino capacidad para actuar a pesar del mismo. Por fe, reconocemos que si Dios está con nosotros, ¿quién estará contra nosotros?

En Nassau hay un lugar público en el que se pueden alojar muchas personas. Cuando se desarrolló el problema de la cocaína y el *crack*, les pregunté a sus directivos si podíamos usar ese recinto como lugar de emergencia y aceptaron. Nadie sabe la cantidad de amenazas de bombas, de asaltos, de violaciones y de robo de automóviles que recibieron. Pero esas fieles personas pasaron por todo aquello junto conmigo en oración y dando su apoyo. Me dieron ánimo y esperanza.

Una de esas personas llegaba a la clínica a sentarse con esos hombres difíciles y destrozados, para orar con ellos. Fueron muy valientes y eso por su fe, de modo que cuando se escriba la historia del tratamiento del *crack*, se deben mencionar porque se mantuvieron firmes en su fe y en la valentía de sus convicciones.

El modelo samaritano acepta las diferencias

El samaritano reconoció que él y el hombre malherido pertenecían a razas distintas. Sin embargo, supo aceptar las diferencias entre los dos. No permitió que esas divergencias impidieran su misión sanadora.

El modelo samaritano exige humildad

No puede haber sanidad sin humildad. El samaritano tuvo que bajarse del asno. Del mismo modo, nosotros tenemos que bajarnos de nuestros asnos de arrogancia, asnos de «no me va a ocurrir a mí», asnos de «soy mejor que tú». Hemos de bajarnos para sentir el dolor y la compasión en nuestro corazón; para ser dueños del niño herido que llevamos adentro.

Después de la muerte de su padre, Elisa se volvió adicta a la cocaína. Dijo: «Sabía que mi padre era un gran médico. Era un gran hombre, muy popular, muy famoso, pero nunca lo conocí como alguien al que pudiera llamar "papi"». El padre de Elisa no sabía bajarse del asno. Tenemos que aprender a ser humildes. Solo en humildad podemos encarar nuestro yo herido.

El modelo samaritano exige que estemos preparados

El samaritano llevaba consigo aceite, vino, vendas y dinero, lo que le permitió ayudar al herido. Abraham Lincoln dijo: «Debo prepararme, porque me llegará el momento». Al irnos preparando en nuestra vida devocional, en las artes, en la educación y en nuestra disposición a servir, llegará nuestro momento, probablemente cuando menos lo esperemos.

En 1970, mi primera paciente fue una señora que veía hermosos conejos rosados y verdes que brincaban por mi oficina. En poco tiempo descubrí que sufría de adicción a la cocaína. Ese primer caso que vi en Harvard comenzó los preparativos que me permitieron entender y hacer frente al ataque violento de la cocaína y el *crack*. ¿Pudiera ser que la lectura de este libro sea la manera como Dios te está preparando para lo que tendrás que enfrentar en tu propio corazón?

Mi experiencia ha sido que el amor de Dios a menudo me prepara para lo que tendré que enfrentar. Pero con frecuencia tú y yo nos negamos a aprovechar las oportunidades que se nos dan para prepararnos.

El modelo samaritano es de servicio

Después de bajar del asno, el samaritano sacó el aceite y las vendas para ayudar al herido. Qué cuadro de servicio tan hermoso. Sin embargo, a veces es mucho más fácil servir a otros que curar las heridas de nuestro propio corazón. ¿Te has detenido a sentir la ira, el dolor y la amargura de tu propio corazón? ¿Te has detenido a vendar tus propias heridas, a abrir el corazón en oración, a permitir que el Espíritu de Dios traiga sanidad a tu propia vida? Hasta que comiences a atenderte a ti mismo, no estarás en condiciones de curar a nadie más.

El servicio es recíproco. Nuestra capacidad de servir va a menudo acompañada de la apertura para que seamos servidos. Encarar tu yo herido puede significar ser sensible a que alguien te ayude.

El modelo samaritano exige continuidad

Vemos que el samaritano coloca al paciente en su asno para llevarlo a un lugar donde pueda descansar. Muchos de nosotros nos preparamos y nos detenemos a ayudar, pero no damos continuidad a nuestra acción. No completamos la tarea. El buen samaritano llevó al herido a la clínica, pagó sus gastos y se quedó con él. Dio continuidad a su cuidado y servicio. ¿Has hecho algo así?

Encarar nuestra condición herida y tratar nuestro dolor no se hace de una sola vez. Necesitamos continuidad y perseverancia. Nuestras heridas se convierten en peldaños en la escalera hacia nuestra historia de amor, pero solo si nos ocupamos de ellas en forma coherente, siendo sensibles a escuchar y obedecer las lecciones que nos enseñan.

El modelo samaritano conlleva responsabilidad

Cuando el samaritano dejó la clínica dijo: «Aquí tienen algo de dinero, y cuando vuelva pagaré lo que falte. Soy responsable. Asumo la responsabilidad por este hombre». Es vital para nuestra sanidad que seamos responsables ante Dios, ante nosotros mismos, ante nuestro prójimo, ante nuestra familia y los unos con los otros. El llamado a ser responsable, a pesar del dolor, es la prueba genuina de la fe.

Europa sufrió una grave epidemia de cocaína a finales del siglo diecinueve. En 1907 había tantos adictos a la cocaína en Estados Unidos que se apoderó del país una sensación de desesperanza, lo que hizo que algunas personas se sintieran exhaustas y exclamaran: «Que se mueran esos viciosos de la cocaína». En 1914 se promulgó el Decreto Harrison que prohibía la cocaína. Pero luego nos olvidamos. No fuimos responsables y para 1991 tuvimos un problema peor de cocaína. La continuidad y la responsabilidad hubieran podido impedir la trágica epidemia actual.

Encarar el yo herido significa dar la debida continuidad a nuestros problemas. No hacerlo es correr el riesgo de repetir nuestras heridas y causar dolor a los que amamos.

Una parábola bahameña

Pudgey era un pequeño pez. Le gustaba nadar cerca de la playa. No lo debía hacer. Debió quedarse en las profundidades del mar porque cuando se nada cerca de la playa ocurren cosas. Por ejemplo, se puede quedar uno varado. Eso fue lo que le sucedió a Pudgey.

La marea lo fue empujando hacia la playa y se quedó ahí. Los peces tienen problemas fuera del agua. Qué sensación tan terrible tuvo cuando movía las aletas para tratar de volver al agua. Vio que la marea se acercaba mucho, pero sin llegar a tocarlo.

Entonces se le acercó un hombre. Era el director de la Sociedad por la Independencia de las Bahamas.

—¡Oh, un pececito! —dijo el hombre.

—Señor, no tengo agua. Tengo sed —le dijo Pudgey—. Usted sabe que los peces no podemos vivir fuera del agua. Por favor, devuélvame al mar.

—Esta es una proposición muy interesante —dijo el hombre—. Ahora mismo me dirijo a una reunión en la que vamos a hablar de cómo las personas y los peces pueden ayudarse. Si se mueve mucho y con energía, conseguirá por usted mismo llegar hasta el agua. Nos veremos a mi regreso de la reunión.

El hombre siguió su camino.

Pudgey se fue debilitando a medida que el sol calentaba más. Ya muy débil hizo otro intento, pero tampoco se pudo mover.

Entonces llegó una señora. Pertenecía a la liga «Ayúdese a sí mismo» de las Bahamas.

—Vaya, vaya, un pececito —exclamó la señora—. Este sí que es un buen día.

—Por favor, ayúdeme —le pidió Pudgey—. No tiene que quererme, solo empújeme hasta el agua, porque si no voy a morir.

—Qué interesante, pero voy de paso a nuestra reunión. Vamos a hablar de cómo uno puede aprender a ayudarse a sí mismo. Siga intentándolo y lo logrará. Cuando regrese seguiremos hablando de esto.

El sol fue calentando más y Pudgey se fue debilitando más: Hizo otro esfuerzo. Pero no logró nada y murió. Por fin la marea subió y lo arrastró.

El hombre de la Sociedad para la independencia de las Bahamas, al regresar, de la reunión, volvió al lugar donde había visto a Pudgey. «Sabía que ese pez lo lograría. Lo consiguió solo», afirmó al verlo flotar muerto en el agua.

148 DESTRUYE LOS DIOSES QUE LLEVAS DENTRO

Poco después llegó la señora de la liga «Ayúdese a sí mismo». Al observar al pececito sin vida en el agua exclamó: «Magnífico. Es como lo que decidimos en el comité: cada uno se puede ayudar a sí mismo. Ese pececito, me siento tan orgullosa de él, lo consiguió sólito».

¿Será Pudgey tu yo herido? ¿Estás suplicando por medio de la ira, la depresión, la adicción, de un problema sexual, de un problema económico? Durante años, tu yo herido te ha estado pidiendo ayuda. Si te niegas a ayudarlo, un día dejará de clamar. No desaparecerá, pero algo dentro de ti morirá. Tu corazón se endurecerá. Los seudodioses dirigirán tu vida.

Te exhorto a que te adueñes de tu propio dolor, que extiendas la mano y te niegues a volverle la cara a tu propia condición herida. Hasta que reciba cuidado tu yo verdadero, quebrantado, poco podrás ofrecer a tu familia, a tus amigos, a tu iglesia o a tu comunidad. Y te encontrarás siempre anhelante, acudiendo a esos atractivos dioses falsos que prometen tanto placer y no reparten más que dolor.

10

LOS ÍDOLOS ROTOS: CÓMO ENFRENTAR LA DERROTA

En las páginas que anteceden se describen las formas que adopta la veneración de los seudodioses y el colapso inevitable de nuestros falsos dioses. Aunque vivimos en un mundo exterior, todos tenemos uno interior. Este mundo interior es donde ocultamos nuestro dolor, donde levantamos nuestros ídolos y donde, en última instancia, nos postramos a adorar al Santo Totalmente Otro.

Entre tanto, en el mundo exterior, vivimos nuestra existencia cotidiana en medio de relaciones, familia, trabajo, preocupaciones por la salud y muchos factores más. Nuestro mundo se puede deteriorar, y quizá tratemos de ocuparnos del dolor en nuestro mundo interior por medio de la codependencia, de la adicción y de las compulsiones. Los problemas en el mundo exterior nos llevan a establecer dioses falsos, mismos problemas que se producen cuando tales dioses se derrumban.

No cabe la menor duda de que la vida nos ha herido. La pregunta es: ¿Cómo podemos sanar? Un relato del Antiguo Testamento nos puede ayudar a comprender cuáles fueron los mecanismos para sanar que alguien empleó cuando su mundo se derrumbó. Ese fue el rey David, cuya vida se narra en 1 y 2 Samuel. La Biblia lo describe como un gran monarca, guerrero, líder, músico, poeta y, sobre todo, un hombre según el corazón de Dios. También era humano, por lo que cometió muchos errores debido a los que sufrió graves consecuencias.

La vida de David estuvo llena de quebrantos y dificultades, pero vemos en él a alguien que, a pesar de sus errores, siguió cerca de Dios. David supo hacerle frente a la derrota.

Un padre orgulloso

David tuvo un hijo llamado Absalón. Este fue muy diestro para la guerra y de muy buen aspecto. En 2 Samuel 14.25 se nos dice de él: «En todo Israel no había ningún hombre tan admirado como Absalón por su hermosura; era perfecto de pies a cabeza». En esa fase de su vida, el rey David quizá admiró a Absalón en forma codependiente. La Biblia indica que solía darle al joven todo lo que este quisiera.

David agradaba a Absalón y confiaba implícitamente en él, con la esperanza de que le correspondiera amándolo y haciendo las cosas bien. Pero Absalón, orgullo y gozo de su padre, tenía sus propios planes. Era frío, calculador, orgulloso e implacable.

Intriga en la casa del rey

Absalón organizó una conspiración para apoderarse del trono. El hermoso joven recorrió las calles de Jerusalén en un espléndido carruaje con una escolta de cincuenta jinetes. A primera hora de la mañana se dirigió a la puerta de la ciudad, al lugar donde los ciudadanos elevaban sus quejas. Antes que los ciudadanos comunes pudieran llegar hasta el rey, Absalón intervenía y tomaba partido a favor del pueblo y decía: «¡Ojalá me pusieran por juez en el país! Todo el que tuviera un pleito o una demanda vendría a mí, y yo le haría justicia» (15.4).

Como buen político, prometía soluciones rápidas si el pueblo lo seguía. Además de decirles lo que deseaban escuchar, Absalón se inclinaba a besarles las manos. ¿Pueden imaginarse a este atractivo joven inclinándose para besar las manos de los campesinos? Absalón realizó una de las mejores campañas de relaciones públicas de la historia. La Escritura dice: «Esto hacía Absalón con todos los israelitas que iban a ver al rey para que les resolviera algún asunto, y así fue ganándose el cariño del pueblo» (v. 6). Su estrategia comenzaba a dar resultado.

Cuando Absalón sintió que tenía el apoyo que necesitaba, fue a ver a su padre David y le dijo: «Papá, deseo ir a hacer un retiro espiritual con el Señor, para darle gracias por la forma en que me ha liberado».

¡Sorprende ver cuán crédulos pueden ser los padres! David no se diferenciaba mucho de nosotros. Siempre esperando lo mejor, David se alegró mucho de que Absalón le pidiera permiso para ir a cumplir un voto al Señor. Es posible que pensara: *¡Qué estupendo! Mi hijo Absalón desea hacer un retiro espiritual. Es fantástico. Por fin se interesa por lo espiritual.*

Entonces, precisamente cuando las esperanzas de David respecto a Absalón eran mayores, se enteró de las trágicas noticias. Absalón había dado un golpe de estado y el corazón de los israelitas estaba con él. De repente el reino de David se desmoronó: su hijo favorito lo había echado del trono. David se sintió herido y derrotado. Su propia carne lo había rechazado, el hijo especial al que tanto amaba.

La aflicción por el hijo descarriado

Después de una conferencia que di una noche en una ciudad del centro de los Estados Unidos, una madre se me acercó con lágrimas en los ojos. Me contó acerca de la desdicha y el dolor que experimentaba porque uno de sus hijos era adicto al *crack*. Lo había llevado a diversos programas de tratamiento; el último apenas tres semanas antes. Plena de esperanza, la madre me dijo que había comenzado a sentirse libre otra vez.

Un día, sin embargo, al volver a casa de hacer compras, descubrió que todas sus joyas habían desaparecido y que le habían saqueado la casa. Su hijo, desesperado por dinero para comprar drogas, entró a la fuerza para robarle.

Agitada y con los ojos llenos de lágrimas, la madre me dijo: «Es un caso perdido... ¡se ha destruido mi familia!»

Esa clase de dolor paraliza. Entraña una sensación total de desesperanza... David tuvo que sentir todo eso y más. Al repasar este relato, me gustaría señalar diez principios que le pueden ayudar a tratar con la situación cuando nos encontramos frente a la derrota.

1. Enfrenta la realidad: Reconoce el problema

Cuando le llegaron a David las noticias del golpe de estado que le dio Absalón, se sintió herido y sorprendido. Pero cuando sus seguidores le dijeron que el corazón del pueblo estaba con Absalón, David se encontró frente a frente con la realidad. Reconoció dos problemas muy grandes: ya no era rey y su hijo lo había derrocado.

David sabía cómo era Absalón. No dijo: «Vaya, mi hijo no me iba a hacer esto». Así que le dijo al pueblo: «Reunámonos y salgamos de inmediato. Aunque sea mi hijo, es un muchacho perverso y si decide ser rey, nos destruirá si nos quedamos aquí».

El primer principio para tratar cualquier problema es admitirlo. En mi experiencia, el obstáculo fundamental para tratar el dolor en nuestra vida es negarse a admitir que existe. Encarar los problemas es sobre todo difícil debido a los poderosos mecanismos de defensa del ego que empleamos para encubrir nuestros puntos débiles.

Empleamos muchos métodos para evitar encarar las dificultades, aunque el más común es la negación. En vez de admitir: «Tengo de verdad un problema», hundimos la cabeza en la arena para no hacer caso a la situación, esperando que desaparecerá.

John, un esforzado médico, sufría de estrés agudo en el trabajo. Cuando comenzó a tener dolores de cabeza por tensión, empezó a tomar *Demerol*, que crea una fuerte adicción. Cuando sintió que su vida se estaba descontrolando, intentó tratarse a sí mismo. Un día su enfermera lo encontró sin sentido en la oficina. Al cuestionársele su adicción, John insistió en que podía controlarla por sí mismo. Como no quería admitir la gravedad del problema, insistió en que no era adicto. Solo cuando intervinieron sus amigos y lo obligaron a buscar tratamiento, pudo recibir ayuda.

2. Pon el problema en perspectiva

Al oír las noticias del triunfo de Absalón, David convocó a sus seguidores y les dijo: «¡Vámonos de aquí! Tenemos que huir, pues de otro modo no podremos escapar de Absalón. Démonos prisa, no sea que él se nos adelante. Si nos alcanza, nos traerá la ruina y pasará a toda la gente a filo de espada» (15.14).

David amaba a su hijo, pero no tenía dudas en cuanto a su personalidad. Dejó el palacio sin pensarlo dos veces. Se dio cuenta de que si no se iba lo antes posible, Absalón lo mataría.

Cuando nos encontremos con un problema grave, tenemos que establecer la perspectiva adecuada. Los problemas drásticos requieren acciones drásticas. Eso puede significar una separación geográfica. Por ejemplo, en el caso de drogadicción grave, se debe separar al adicto de sus amigos, del estrés del trabajo y, sobre todo, de la disponibilidad de drogas para un período de desintoxicación. Salir del lugar es el inicio de la cura.

De igual manera, en el caso de familias gravemente disfuncionales puede ser necesario apartar a una persona de su hogar para que se pueda curar. Es frecuente que personas codependientes fomenten sus necesidades de dependencia al permanecer en casa con la familia. A los que son agresivos, hay que apartarlos de sus víctimas antes que se produzcan daños graves. Cuando el problema es grave, los remedios a medias no funcionan.

En cuanto al matrimonio, la Biblia dice que la persona dejará a su padre y a su madre para unirse a su cónyuge (Génesis 2.24). En otras palabras, es difícil unirse sin separarse. Esto es así no solo en el caso del matrimonio, sino en el proceso de individuación. A no ser que sepamos decir adiós a los dolores, los conflictos y las pautas regresivas de nuestra familia de origen, nunca podremos decir hola a nuestro yo adulto, a la persona que deseamos llegar a ser.

3. Busca a la comunidad

Es difícil sobrellevar el dolor, pero cuando se comparte con otros comienza la sanidad. A menudo no es el dolor mismo el que nos destruye sino la falta de amor y de apoyo durante el sufrimiento.

Al rey David lo hirió su hijo, pero seguía teniendo a su comunidad. Con sus compañeros de armas se dirigió al desierto. Los que le eran leales siguieron con él. Lloraron con él. Arriesgaron la vida por él.

La amistad es la fortaleza de la vida. Jesús tuvo un pequeño grupo de amigos; aunque había tratado a millares de personas, solo intimó con doce amigos especiales. ¿Cuánto sufrimos por no tomar en cuenta o evitar el amor y el apoyo de personas que nos aman?

David tuvo la capacidad de inspirar lealtad. Fue evidente en la amistad que lo unió con Jonatán. Ahora, ante la noticia del golpe de estado de Absalón, los siervos de David sin dudarlo un instante le prometieron fidelidad. Incluso un extranjero, que apenas había llegado el día antes, decidió irse con David. Aunque este trató de disuadirlo, el hombre dijo: «¡Tan cierto como que el Señor y Su Majestad viven, juro que, para vida o para muerte, iré adondequiera que usted vaya!» (2 Samuel 15.21).

David inspiraba lealtad porque fue leal a sus amigos. Por eso cuando necesitó de la comunidad, esta le respondió. Mi experiencia ha sido que cuando estamos dispuestos a salir de nuestro rincón para buscar relaciones, las encontramos. La decisión de ser francos desencadena la fuerza sanadora dentro de nuestro corazón. Abre el puente interpersonal, permitiéndonos aceptar los elementos rechazados y aceptados de nuestro yo. «Pone armonía en nuestro corazón» y crea comunión interior, la que se difunde luego entre quienes nos rodean.

¿Cómo encontrar comunidad? Hay que comenzar donde uno está.

- Aprende a conocer mejor a tu cónyuge e hijos. Esfuérzate por reunirte con ellos con regularidad para hablar, aprender y escucharse.
- Cultiva relaciones en el trabajo, invita a alguien a almorzar.
- Renueva las viejas amistades.

- Hazte miembro de una iglesia donde sea importante la relación como comunidad.
- Busca información acerca de grupos de apoyo.
- Participa en seminarios de desarrollo personal.
- Pídele al médico o al pastor información acerca de esos grupos.
- Estudia tu herencia. Reconstruye el árbol genealógico y busca información acerca de tus parientes.
- Haz un inventario social de tu vida.
- Escribe acerca de todas las relaciones que has tenido desde la infancia: la escuela, los grupos sociales, de trabajo y cívicos. Luego comenta lo que escribiste con alguien cercano a ti.

4. Reconoce un poder superior

El rey David fue derrotado, pero eso no destruyó su fe en Dios. Cuando se derrumba nuestro mundo y nos enfrentamos con la destrucción, necesitamos la ayuda de Alguien por encima de nosotros. Ese ha sido el testimonio de muchas personas que han regresado de la desesperación. Como seres pensantes, nos corresponde encontrar un Poder superior dentro del marco de nuestra tradición sociocultural que represente estabilidad, coherencia y previsibilidad. El sello de la fe judeocristiana es la creencia en un Dios que se caracteriza por ser el mismo ayer, hoy y por siempre.

De acuerdo con la tradición hebrea, David creía firmemente en el Dios de sus padres: Abraham, Isaac y Jacob. También conocía a este Dios por experiencia propia. Podía decir: «Jehová es mi pastor; nada me faltará... en la casa de Jehová moraré por largos días» (Salmos 23.1,6, RVR60).

Cuando David y sus seguidores huyeron de la ira de Absalón, se encontraron con Sadoc, el sacerdote. Sadoc le prometió fidelidad a David y quiso unírsele para llevar el arca de Dios. David no quiso. Le dijo a Sadoc que él y el arca debían permanecer a salvo en la ciudad, y afirmó: «Si cuento con el favor del Señor, él hará que yo regrese y vuelva a ver el arca y el lugar donde él reside. Pero si el Señor me hace saber que no le agrado, quedo a su merced y puede hacer conmigo lo que mejor le parezca» (2 Samuel 15.25-26).

Vemos cuán profunda era la fe de David. No se trataba de una simple superstición sentimental o circunstancial que utilizaba según su conveniencia propia. Era un compromiso profundo con la providencia y voluntad de Dios. David se entregó sin reservas al cuidado de su Pastor. Fue como lo que dijo Job: «He aquí, aunque él me matare, en él esperaré» (Job 13.15, RVR60). La entrega de nuestra voluntad a Dios nos ayuda a restaurar una correcta perspectiva de dependencia.

5. Expresa sentimientos profundos

«David, por su parte, subió al monte de los Olivos llorando, con la cabeza cubierta y los pies descalzos. También todos los que lo acompañaban se cubrieron la cabeza y subieron llorando» (2 Samuel 15.30).

La traición de Absalón significó para David una tragedia emocional. Se sintió herido en lo más profundo. Se esperaría que un gran rey guerrero pusiera al mal tiempo buena cara, que controlara sus emociones y ocultara sus sentimientos de dolor. No fue ese el caso de David. Estaba herido y lo expresó. Desamparado y deprimido, lloró amargamente. No solo David lloró y se vistió de luto con la cabeza cubierta y descalzo, sino que sus seguidores, su comunidad, compartieron su pena.

A menudo los hombres no quieren enfrentarse al dolor. Algunos saben expresar enojo, de modo que reducen todos los sentimientos al enfado. Pero les resulta muy difícil expresar el desamparo y los sentimientos heridos. Los sentimientos reprimidos o contenidos ahogan nuestra personalidad, impidiéndole que se exprese con libertad. Eso conduce a inflexibilidad y a la inclinación a manipular las relaciones por medio del control, del reproche y del aislamiento.

No hay soluciones fáciles como decir:

- «Todo se solucionará».
- «No te preocupes».
- «Oraré por ti».

- «Lee la Biblia».
- «Bueno, ten paciencia».

Un señor me dijo que cuando murió su mujer muchos de sus amigos y hermanos de la iglesia le citaban versículos. No sintió ningún consuelo. Pero al llegar a su casa, su jardinero haitiano se le acercó, llorando y diciendo lo triste que se puso al enterarse de la muerte de su esposa. El hombre me contó que lo consoló mucho más la empatía genuina de un jardinero de buen corazón que todos sus amigos de la congregación.

Cuando nuestro mundo se hace pedazos, debemos permitirnos sentir.

6. Evalúa de nuevo tu estilo de vida

Ante el dolor y la herida, David evaluó de nuevo su estilo de vida. Aunque no le había hecho nada malo a Absalón, adoptó una actitud de arrepentimiento. Pasó revista a su estilo de vida, sintió dolor por sus errores y se entregó a Dios, su Poder supremo. David abrió el libro de su vida y reconoció que tenía que hacer algunos cambios. Subió descalzo a la montaña con la cabeza cubierta. Eso era señal de luto, de arrepentimiento. El depuesto rey admitió que estaba quebrantado, aceptó su fracaso y le pidió a Dios que tuviera misericordia de él.

Arrepentirse es apartarse del narcisismo y del egocentrismo para someterse al amor de Dios. Esto implica abrir el corazón en humildad para permitir que la luz de su compasión brille en nuestra vida. Al hacerlo, admitimos sin reservas nuestros errores y fracasos.

Cuando se derrumba nuestro mundo, a veces nos enfadamos tanto que nos encerramos en nosotros mismos y nos aislamos de nuestra comunidad. Eso trae como consecuencia una actitud santurrona y de reproche totalmente improductiva. La tragedia es que uno se vuelve incapaz de aprender de la experiencia, con lo que permite que suceda de nuevo.

La vida es una aventura de aprendizaje. Las tragedias, por dolorosas que sean, son el momento óptimo para aprender más de nosotros mismos. El sufrimiento nos obliga a vernos cara a cara, tanto nuestras fortalezas como nuestras debilidades. El desarrollo de una actitud de arrepentimiento y aprendizaje puede convertir lo que parecía ser una grave crisis en una transformación profunda.

Arrepentimiento: la palabra griega *metanoia* significa que me aparto de mi camino, aunque he sido herido, y digo: «Dios mío, aunque duele, sigo acudiendo a ti. Vuelvo la espalda a mi camino para seguir el tuyo».

7. Busca ayuda especializada

Para huir de Absalón, David contó con el apoyo de su comunidad. Pero al llegar a la cima de la montaña, el lugar de adoración, se encontró con Husay, un amigo de confianza. Husay era general de los ejércitos de David y había jurado fidelidad al rey. Andaba con vestiduras rasgadas, descalzo y con polvo en la cabeza para demostrar que se identificaba por completo con el dolor de su señor. David buscó en él ayuda específica. Le pidió que regresara al palacio, que se infiltrara en las filas de Absalón y que entorpeciera los planes de Ajitofel, consejero de Absalón, que había servido a David. El general Husay, fiel a su amigo y líder, estuvo de acuerdo en obedecer a la petición de David.

Cuando estamos frente a la derrota, la comunidad es importante. Pero a veces necesitamos buscar ayuda especializada. Eso puede significar consultar a un médico, a un siquiatra, a un sicólogo, a un trabajador social, a un terapeuta bien capacitado o a un pastor conocedor tanto de las heridas humanas como de la gracia sanadora de Dios. Es obvio que esta es una decisión importante que requiere tiempo, paciencia y sinceridad.

Recuerda que ningún especialista o terapeuta es tan bueno como para ayudar a toda clase de personas. Tendrás que dedicar tiempo a averiguar quién sería mejor para tu caso. Debe ser alguien con quien te sientas cómodo; alguien que te acepte como individuo.

A pesar de la educación recibida y de la reconocida eficacia terapéutica, muchas personas todavía guardan reservas en cuanto a buscar ayuda. Estoy de acuerdo en que a veces los terapeutas hemos sido nuestros peores enemigos. Algunos consejeros tienen un enfoque poco profesional, insensible o inflexible. Consultar al médico de la familia o al pastor pudiera ayudarte a encontrar a alguien adecuado para tu caso específico.

8. Desarrolla un espíritu de tolerancia

Una de las dinámicas más tristes en torno a las experiencias dolorosas es que, en medio del sufrimiento, encontramos personas que juzgan y condenan. Parecen decir la palabra errónea en el momento erróneo. Con un palabra, una mirada o un encogimiento de hombros, aumentan nuestro dolor, dejándonos todavía más heridos y desalentados. Así fue en el caso de David. Mientras subía a la montaña, se encontró con el síndrome Simí.

Simí, miembro de la familia del ex rey Saúl, era un antiguo enemigo de David. Tirándole piedras al rey, Simí lo maldijo: «¡Largo de aquí! ¡Asesino! ¡Canalla! El Señor te está dando tu merecido por haber masacrado a la familia de Saúl para reinar en su lugar. Por eso el Señor le ha entregado el reino a tu hijo Absalón. Has caído en desgracia, porque eres un asesino» (2 Samuel 16.7-8).

Cuando David estaba más desmoralizado, Simí se mofó de él con crueldad y le dijo que lo que estaba sufriendo era el pago que el Señor le daba por todo lo malo que había hecho en su vida. Hay muchos Simís todavía en este mundo. Pregunten a las personas divorciadas o a los que tienen hijos drogadictos. Hablen con quienes han perdido el trabajo. Les contarán cómo algunas personas, a veces sus propios supuestos amigos, los rechazan, los critican y murmuran de ellos.

No sea un Simí. La vida está herida, y todos sufrimos en un momento u otro. Ore por las personas, no las maldiga. No le tire piedras. No diga que se lo merece. No hay mayor dolor que alguien nos golpee cuando ya estamos derrotados. Por eso muchas personas no buscan ayuda. Por eso nuestros hijos no nos cuentan lo que les atormenta.

Abisay, uno de los generales de David, se sintió ofendido por los insultos de Simí y dijo: «¿Cómo se atreve este perro muerto a maldecir a Su Majestad? ¡Déjeme que vaya y le corte la cabeza!» (v. 9).

Fue una reacción natural. Pero de nuevo vemos la grandeza de David cuando respondió: «Si el hijo de mis entrañas intenta quitarme la vida, ¡qué no puedo esperar de este benjaminita! Déjenlo que me maldiga, pues el Señor se lo ha mandado. A lo mejor el Señor toma en cuenta mi aflicción y me paga con bendiciones las maldiciones que estoy recibiendo».

En otras palabras, David dijo: «Un momento, Abisay. No me entiendes. He sufrido mucho. El rey Saúl me expulsó como a un animal y ahora mi propio hijo me ha derribado de mi trono. Simí tiene razón. Estoy acabado. Pero quizá si no respondo a su maldición con algún mal Dios, mi juez, restaurará mi reino».

Esta es una perspectiva espiritual madura. Es una afirmación de sometimiento a Dios, un compromiso con la fe. Uno puede imaginar qué pasó por la mente de Abisay: *No entiendo a mi señor. Permite que un hombrecillo lo desprecie y se burle de él. Está tomando demasiado en serio este asunto de la religión.*

No obstante, la respuesta de David fue justa. Demostró una verdadera fe en el poder soberano de Dios. David no necesitaba defenderse, ni permitió que las críticas de su enemigo lo hicieran reaccionar con enojo. En realidad, la respuesta de David indicó que ya había sido sanado debido a su fe y al desarrollo de un espíritu de tolerancia.

9. Haz lo que debes hacer

Cuando el espía de David, Husay, se infiltró en el palacio, se encontró con Absalón, que de inmediato sospechó. «Pensé que estabas con mi padre», le dijo.

Con mucho tacto, Husay calmó los temores de Absalón y estuvo presente en el instante cuando Ajitofel aconsejaba a Absalón. Ajitofel dijo: «Mira, el viejo está cansado y exhausto. Sé que está herido y molesto. Permíteme salir de inmediato con un grupo de hombres para ir a atacarlo esta noche mientras está indefenso».

A Absalón le gustó el consejo, pero David había orado, y claro está, Absalón llamó a Husay para que le diera su opinión. El espía apeló a la vanidad de Absalón, y le aconsejó que esperara hasta la mañana para que él mismo fuera quien dirigiera el ataque. Como buen narcisista, Absalón decidió seguir el plan de Husay. La Biblia dice: «El Señor había determinado hacer fracasar el consejo de Ajitofel, aunque era el más acertado, y de ese modo llevar a Absalón a la ruina» (17.14).

Como su trabajo era su seudodios, Ajitofel se sintió ofendido ante el rechazo de su consejo. Se fue a su casa, ordenó todas las cosas y se ahorcó. Quizá se dio cuenta de que había sido infiel a David; en realidad, era un traidor y ahora su nuevo jefe, Absalón, lo había rechazado. La idolatría siempre es destructiva del yo y de los otros.

Entre tanto David, a quien los mensajeros de Husay habían puesto sobre aviso, reconoció que había llegado el momento de entrar en acción. Era un guerrero experimentado. Había pasado su época de aflicción, había examinado su estilo de vida, había orado y había pedido ayuda especializada. Ya era tiempo de luchar. Dividió a sus hombres en tres grupos. Aunque quería ir a luchar en persona, escuchó la voz del pueblo, que creía que sería mejor que él se quedara en la retaguardia. A diferencia de Absalón, no lo movía el falso orgullo o la vanagloria. Puso al mando de sus hombres a tres generales experimentados y los envió a reconquistar el reino.

Después de enfrentarnos con el problema, de pasar por un tiempo de aflicción y de evaluar la vida, debemos entrar en acción y seguir viviendo. Esto quiere decir volver en forma creativa al trabajo, tomar con seriedad las responsabilidades y permitir la posibilidad de reconciliar nuestras relaciones. Lamentablemente, a pesar del profundo deseo que tuvo David de hacer las paces con su hijo, no fue posible la reconciliación.

10. Sé compasivo

Aunque David era un gran líder y un hombre de acción, el único encargo que les hizo a sus generales fue: «No me traten duro al joven Absalón».

Vemos aquí el conflicto con el que nos enfrentamos muchos de nosotros. Por un lado David deseaba satisfacer su carrera como un buen rey guerrero que era y recuperar su reino. Por el otro, deseaba proteger a su hijo. El ruego de David en favor de Absalón indicó que estaba buscando un equilibrio adecuado entre su vocación y su carrera. Eso no es fácil. Muchos de nosotros hemos permitido que los dictados de nuestra carrera ahoguen nuestra vocación.

Comenzó la batalla entre los valientes hombres de David y los de Absalón. Vestido con ropajes reales, con su larga cabellera batiendo al viento, llegó Absalón montado en el mulo real, dirigiendo a sus hombres a la batalla. Al pasar el mulo por debajo de las espesas ramas de una gran encina, la cabellera de Absalón se enredó. El mulo siguió avanzando y Absalón quedó colgado del árbol por el cabello.

¡Qué ironía! El poderoso Absalón, con toda su formación y arrogancia militar, quedó inmovilizado por su cabellera en un árbol. Uno de los soldados de David lo vio pero no quiso atacarlo debido a las órdenes del rey. Así que informó del incidente al general Joab. Sin vacilar ni un solo momento, Joab atravesó a Absalón con tres dardos, y luego anunció triunfalmente que la batalla había terminado.

David lloró mucho a su hijo. Cuando se enteró que había muerto exclamó: «¡Ay, Absalón, hijo mío! ¡Hijo mío, Absalón, hijo mío! ¡Ojalá hubiera muerto yo en tu lugar! ¡Ay, Absalón, hijo mío, hijo mío!» Esto sorprendió a quienes deseaban devolver a David el trono que le correspondía. Quienes hemos luchado por educar a nuestros hijos, sabemos muy bien cómo se sintió David. Muchos padres darían con gusto lo que fuera con tal de que sus hijos vivieran de manera adecuada.

David tuvo compasión. Le preocupaba mucho el bienestar de Absalón, aunque el obstinado joven príncipe le causó mucho dolor. Esa no es siempre la forma en que responden las personas. Después de haber resuelto nuestro quebranto y nuestra codependencia, podemos sentirnos como unos santurrones y tratar de vengarnos de quienes nos hirieron. Curarse de verdad quiere decir saber perdonar a los que nos han hecho mal. La realización propia siempre nos hace ser compasivos con los demás. La verdadera prueba de que Dios nos ha curado es que podamos decir al que nos ha herido, al padre, al cónyuge o al hijo: «Sigo amándote».

Encontramos esperanza porque somos amados

Se cuenta que un muchachito se encontraba a la orilla del río Misisipí con un viejo vagabundo. Al rato apareció en el horizonte un gran barco de vapor. El muchachito comenzó a agitar los brazos y a gritar a los del barco que se acercaran.

El vagabundo se mofó de él, y molesto le dijo: «Mira muchacho, ¿por qué no te callas? Esas personas importantes que mandan en el barco no tienen tiempo para gente como nosotros».

No obstante, el muchachito siguió agitando los brazos y gritando: «¡Vengan acá, vengan acá!»

El vagabundo se irritó todavía más, y le dijo: «¡Deja tranquilo a los del barco! Esos no tienen tiempo para ti. Estás malgastando tus fuerzas». Pero el muchachito siguió gritando y agitando los brazos.

Por fin, para sorpresa del vagabundo, el barco enfiló hacia la ribera donde se encontraban. Se fue acercando cada vez más hasta que llegaron a la orilla. Bajaron la escalerilla y el muchachito corrió a subirla. Al llegar al puente, se volvió hacia el vagabundo y le dijo: «Sabía que vendrían. La verdad es que el capitán es mi padre».

Como ese muchachito, estamos frente a obstáculos increíbles: un yo interno herido, nuestros seudodioses derribados, incluso derrotas en nuestra propia familia. Sin embargo, puesto que somos amados, podemos quedarnos en la ribera y sabemos que la ayuda llegará. Hay un Capitán en el barco de la vida. Y dado que nos ama, hay esperanza más allá de la desesperanza, luz más allá de las tinieblas, amor más allá del temor. Podemos decir con David: «Jehová es mi pastor».

«¿Qué diremos frente a esto?
Si Dios está de nuestra parte,
¿quién puede estar en contra nuestra?
—Romanos 8:31

CÓMO ENFRENTAR A LOS GIGANTES: CARÁCTER EN MEDIO DEL CAOS

Vivimos en una época en que se están derrumbando muchos de nuestros seudodioses. Los seudodioses del dinero y del trabajo sucumben bajo una economía inestable. El seudodios de la familia, ídolo muy común sobre todo entre personas religiosas, es víctima de la disfunción y la disolución. El seudodios de la fama es víctima de los medios de comunicación que difunden escándalos. Muchas de las cosas que consideramos valiosas las perdemos; lo que nos queda es confusión y caos. Tememos al futuro; las crisis con las que nos enfrentamos parecen insuperables; se yerguen como monstruos en el horizonte. ¿Cómo podemos enfrentarnos con los gigantes poderosos y peligrosos que amenazan nuestro mundo?

Una vez más, observemos al rey David y al ejemplo histórico que nos dio (1 Samuel 15—17). Pero antes de examinar la técnica que empleó para enfrentarse a los gigantes, repasemos cómo entró a formar parte de la realeza. David pudiera parecer un candidato poco probable para las tareas que tuvo que enfrentar en su colorida carrera. Así es como comenzó todo.

El profeta Samuel, con la ayuda de Dios, había ungido unos años antes a un hombre alto y hermoso llamado Saúl, para que fuera rey de Israel. Pero con su desobediencia, obstinación y orgullo, Saúl desagradó a Dios. Cuando analizamos el seudodios de la conformidad en el cuarto capítulo, vimos cómo el rey Saúl se negó a cumplir las órdenes de Dios; por lo que perdió su reino.

No podemos hacer frente a los seudodioses en nuestra vida a no ser que aprendamos a escuchar a Dios. Para lograrlo, debemos acallar las voces contradictorias que resuenan dentro para que se oiga la voz de Dios. Lo lamentable es que Saúl se negó a escuchar aunque Dios le habló de manera directa por medio de su profeta.

Entonces Dios le dio a Samuel nuevas instrucciones: «Se acabó, Samuel. Saúl ya no será más rey. Ve a ungir a un nuevo rey».

La Biblia dice que Samuel, ya anciano, quedó muy afectado. Lloró por Saúl. Sintió lástima. En realidad, estaba asustado. ¿Tomaría represalias Saúl cuando averiguara que él había ungido a un nuevo rey?

Samuel obedeció a Dios a pesar de sus temores, se fue a una pequeña ciudad en busca de un hombre llamado Isaí, que tenía algunos hijos fuertes y rudos. Samuel le explicó a Isaí: «He venido a ungir al nuevo rey».

Isaí llamó primero a sus hijos mejores, los que habían aprendido las artes militares. Podemos imaginar a esos orgullosos jóvenes, pensando en una corona y un trono, pavoneándose delante de Samuel el sacerdote. Pero Samuel era hombre de fe. Cuando se teme a Dios se puede estar confundido, pero en medio de la confusión siempre diremos: «Señor, no sé qué estás haciendo, pero eres Dios, por eso me inclino ante tu voluntad».

A medida que iban desfilando los hijos de Isaí, Samuel estaba desconcertado. Dios le dio un no muy claro a todos ellos. Eran altos, de buen porte, héroes. ¿Qué estaba buscando Dios? Entonces Dios dijo: «Samuel, te vuelves a fijar en el aspecto externo. ¿Cuándo vas a aprender? Estás pensando en lo altos que son y en lo bien preparados que están. Yo no lo veo así, Samuel. A mí me interesa el corazón».

Después que se hubo descartado al último de sus hijos, Isaí mostró su desengaño y le dijo a Samuel: «Bueno, estos son todos mis hijos».

Samuel miró fijamente a Isaí y le preguntó: «Y ¿no hay nadie más?»

Entonces Isaí se acordó: «Bueno, tengo uno más pequeño, pero no tiene madera de rey. No ha ido a ninguna parte, no ha hecho nada, no ha estudiado, no ha estado en el ejército, nunca ha participado en ninguna guerra y no tiene idea de nada. No es más que un simple pastorcillo».

A pesar de la resistencia de Isaí, Samuel le pidió que se lo trajera. Ahí, pues, apareció David, sucio y mugroso, algo tímido, despeinado. Al entrar David en la habitación, Dios le dijo al profeta: «Este es el rey».

Isaí reaccionó con asombro: «Pero si es tan pequeño. Y es muy débil». Grande es el misterio de la deidad. Dios toma las cosas pequeñas, insignificantes, en nuestra vida y las convierte en milagros extraordinarios. Dios le ordenó a Samuel: «Levántate y úngelo, porque este es». Samuel obedeció y así quedó sellado el destino de David.

Un trabajo común y corriente: una oportunidad extraordinaria

Cuando el Señor nos unge o nos llama, es natural que nuestro deseo inmediato sea aceptar y ser reyes. Pero pensemos en lo que Dios hizo con David. «Muy bien, te he ungido. Ahora vuelve a cuidar las ovejas».

Dios envió a David al traspatio, donde estuvo toda su vida. Ahí, en ese lugar, fue donde se desarrolló su vocación. Tenía que cuidar a su rebaño. Tenía que enfrentarse con un león y un oso; y al hacerlo, aprender a depender de Dios. Ahí fue donde escribió: «Jehová es mi pastor». Ahí es donde aprendió a utilizar la honda, a seleccionar las piedras lisas. Fue en ese traspatio donde David recibió su entrenamiento. Y es en ese traspatio donde se nos prepara: en nuestra habitación, en nuestra cocina, en ese trabajo que encontramos difícil. Dios nos va formando en nuestra vida cotidiana.

Un día Isaí dijo: «David, llévales queso y pan a tus hermanos». Era una tarea propia de un siervo y quizá otra persona la hubiera rechazado: «No, padre mío. Soy el futuro rey. No soy un muchacho de mandados».

David, sin embargo, era un joven comprometido con la fe y, en la economía de Dios, al aprender a servir se aprende a ser rey. Solo por medio del servicio se llega la grandeza. Así pues, David tomó el almuerzo y se puso en camino.

David llevó los alimentos de sus hermanos al frente de batalla donde se suponía que las tropas del rey Saúl se enfrentaban con los filisteos. Pero cuando llegó, no había ninguna clase de batalla. Cuando les entregó el almuerzo, sus hermanos se burlaron de él: «¿Que estás haciendo aquí? Solo querías comprobar cómo va la batalla, ¿no es cierto?»

En lo que David estaba hablando con sus hermanos, apareció Goliat de entre los filisteos. Medía casi tres metros y su armadura pesaba ochenta kilos. Tenía una lanza que pesaba siete kilos, la que levantaba con facilidad. Entonces les gritó a los israelitas: «¡Escojan a alguien que luche conmigo! Si me derrota, seremos sus esclavos. Si yo lo derroto, ustedes serán nuestros esclavos». Temblaba la tierra bajo las pisadas de Goliat y los israelitas se llenaron de temor. Ante semejante empresa, se refugiaron en el miedo.

Valentía para enfrentar a los gigantes

Hay muchos gigantes en nuestra vida: el gigante del delito, el gigante de la ira, el gigante de la inseguridad económica, el gigante de los hijos con problemas. Esos gigantes se yerguen ante nosotros y nos ponemos a temblar como los israelitas. Paralizados por completo, nos resulta difícil luchar, porque son demasiado grandes.

Tomando como referencia la historia completa de David, quisiera sugerir algunas formas que nos pueden ayudar a hacer frente a los gigantes que nos paralizan.

En primer lugar, reconoce la oportunidad

Cambia la palabra problema por oportunidad. Para los hermanos de David, el gigante representaba un problema y los hizo refugiarse en la casa del temor. Pero David había aprendido que Dios es poderoso y que la vida está llena de oportunidades.

Hacer frente a las pruebas significa dejar a un lado mecanismos de defensa como la negación. Es probable que alguna vez hayas dicho: «No es nada grave. Todo pasa. Se resolverá solo». Pero si no le prestamos atención, nos derrotará. Rompamos con el sistema de negaciones.

Luego tengamos cuidado del juego de la culpa. «¡No fui yo! ¡Lo hizo Jorge!» ¿Recuerdan a Adán? El juego de la culpa se ha estado jugando toda la vida. Dios dijo: «Adán, ¿por qué lo hiciste? ¡Tenías un huerto tan espléndido!»

Adán respondió: «Bueno, tú sabes, fue la mujer que me diste. Si no me la hubieras dado…»

Cuando Dios le preguntó a Eva, esta dijo: «Bueno, fue la serpiente. Si no hubiera sido por esa serpiente…»

Y cuando Dios acudió a la serpiente, esta no tenía a quien echarle la culpa.

En épocas de pruebas tengamos cuidado de no utilizar la negación o el juego de la culpa. Esa forma de defensa quizá nos haga sentir mejor por un tiempo, pero no nos ayudará a enfrentarnos con el problema.

En segundo lugar, enfrenta la resistencia

Donde hay oportunidades se encuentra resistencia. En primer lugar, resistimos a nuestros propios sentimientos de impotencia. Resistimos teniendo temor experimentando respuestas de pelear o huir. La resistencia también nace fuera de nosotros mismos. Los hermanos de David se burlaban de él. «¿Qué vienes a hacer aquí, pequeño mequetrefe? Debieras estar cuidando las ovejas. ¿En qué puedes ayudar en la batalla?»

Seguro que has oído decir: «Esto no lo vas a resolver». «Nunca lo conseguirás». «Has esperado demasiado. Lo vas a echar a perder». Es probable que David oyera las voces de resistencia, pero no permitió que dictaran su respuesta. No importa quién sea y dónde esté, cada vez que decidamos hacer algo, experimentaremos un sentido de resistencia. Cuando suceda esto, sencillamente debemos seguir adelante.

En tercer lugar, transfiere las experiencias significativas

Transferir experiencias significativas es un proceso importante. David pudo transferir la experiencia que había tenido en el pasado cuando Dios lo ayudó a luchar con un león y un oso. Por lo tanto, cuando se encontró frente a Goliat pudo decir: «Si Dios me ayudó entonces, me ayudará ahora».

Muchos de nosotros queremos enfrentarnos con nuestros gigantes Goliat, pero no queremos enfrentarnos con nuestros leones y osos. Nos negamos a enfrentarnos con nuestras experiencias cotidianas y por eso, cuando tenemos que enfrentar las experiencias grandes y aterradoras, no tenemos nada que transferir. Comencemos a prepararnos ahora para las batallas del futuro. Enfrentémonos con los pequeños problemas de la vida, y al hacerlo nos estaremos capacitando para triunfar en luchas mayores. La fe significa ser fiel donde uno esté.

A veces tenemos dificultad en hacer la transferencia. Si bien Dios en el pasado nos ha dado fortaleza y nos ha bendecido, lo olvidamos. Nuestro corazón está tan lleno de dolor que no podemos evocar el recuerdo de su intervención positiva; no podemos movilizar nuestra memoria evocativa. Es importante que mantengamos nuestro corazón alimentado de fe, vacío de rencores y abierto al amor, de manera que podamos conocer la gracia de las experiencias pasadas y de las bendiciones futuras. Pienso que la oración es el don que hace que nuestro corazón sea terreno fértil para la gracia.

Hace un tiempo pasé por momentos muy difíciles, mi problema era tan enorme que me sentí sin fuerzas. Me encontraba en un hotel y me sentía abrumado. Comencé a orar. Mientras lo hacía, sucedió algo extraño. Me encontré entonando un canto evangélico que no había cantado por años.

¿Por qué preocuparte si puedes orar?
Confía en Jesús, Él será tu descanso.
No dudes, Tomás,
Descansa por completo en su promesa,
¿Por qué preocuparte, por qué preocuparte, si puedes orar?

No había escuchado ese coro desde que tenía siete u ocho años, cuando mi madre solía cantarlo. Ahora, con cincuenta años de edad, me encontraba acostado en la habitación de un hotel sintiéndome abrumado. Por medio de la memoria evocadora, el Espíritu de Dios tomó ese coro y lo cantó por medio de mí. Dios nos ama. Tuve una madre que me enseñó himnos. Y aunque ya no vive, sus cantos volvieron a mí para mostrarme que el amor de Dios todavía está conmigo y me guía.

En cuarto lugar, pon en acción las experiencias y los talentos propios

Cuando David decidió enfrentarse a Goliat, el rey Saúl le dijo: «Es muy buena idea. Te prestaré una armadura». Saúl se quitó su propia armadura, tomó su lanza y se las entregó a David. El joven era de estatura demasiado pequeña como para cargar con semejante peso, por lo que se cayó al suelo. ¿No tratamos a veces de luchar con la armadura de otro? ¿No tratamos de emplear las ideas de otros para nuestros propios problemas?

«¡No!», le dijo Dios a David. «Pon en acción tu experiencia en el traspatio, tu experiencia del pasado. No estás acostumbrado a pelear con armadura».

David no sabía gran cosa de armaduras, pero en su pasado había aprendido a utilizar la honda. La sanidad comienza siempre con lo que tenemos. Ocupémonos del cuerpo: comencemos a correr, a hacer ejercicios. Ocupémonos de la mente: comencemos a leer, a estudiar. Ocupémonos del espíritu: comencemos a orar, a meditar en la Biblia. Pero comencemos a partir de donde nos encontremos. No podemos utilizar la armadura de otro. No nos limitemos a tomar lo que alguien dijo para aplicarlo sin reflexionar. Tomémoslo en serio, oremos, y dejemos que Dios nos ayude a adaptarlo para desarrollar el proceso de sanidad.

David se fue al riachuelo a buscar cinco pequeñas piedras lisas. Eran piedras simples, comunes y corrientes, pero habían sido sometidas a encontronazos, y el agua había pulido sus asperezas.

En quinto lugar, sé sensible a lo espiritual

Las probabilidades estaban en contra de David. Goliat medía casi tres metros y David era un jovenzuelo. Goliat llevaba una sólida armadura y David no tenía ninguna. Los filisteos se mostraban confiados y los del bando de David se sentían completamente desmoralizados. Lo que David aportó a la situación fue valor y fortaleza espirituales.

Durante años Dios le había enseñado la fe por medio del desarrollo de su vida de oración. Por eso, cuando llegó al frente de batalla, vio el conflicto a través de los ojos de Dios, no desde una perspectiva puramente humana.

Cuando examinamos nuestra lucha desde la perspectiva divina, no podemos perder. Podemos perder el trabajo, pero seguimos siendo vencedores. Podemos perder la fortuna, pero triunfamos. Podemos estar divorciados, o ser viudos, o tratando de seguir adelante solos, pero espiritualmente tenemos victoria. Jesucristo ha prometido estar con nosotros en el dolor, no abandonarnos incluso cuando otros lo hagan ante situaciones difíciles de la vida. Aunque pueda parecer que la batalla se está perdiendo, la Biblia nos asegura que somos «más que vencedores» en Cristo. Y si Dios está con nosotros, ¿quién contra nosotros (Romanos 8.31)?

En sexto lugar, pide valor ante el temor

Los hermanos de David, y todo el ejército de Israel, estaban viviendo en la casa del temor. Recordemos que hay dos casas en la vida: la casa del temor (relacionada con la ira, la culpa y las heridas) y la casa del amor (relacionada con la esperanza la fe y el valor). La única forma de poder permanecer en la casa del amor es mediante la oración.

Muchas personas, a pesar del privilegio de la oración de intercesión que Dios les ha dado, han ido entrando poco a poco en la casa del temor y de las heridas. La casa del temor puede generar resultados, pero nunca puede generar vida. La casa del temor puede producir competencia, pero no puede crear compasión. Para David el valor significaba que Dios estaba sentado en el trono y le decía: «No temas, estoy contigo».

Dios es amor, por eso David moraba en la casa del amor. ¿Le permitiremos al amor actuar? Es cierto que cuando amamos somos susceptibles y a veces incluso experimentamos cierta ansiedad. Pero en el amor de Dios siempre hay sanidad.

Henchido de amor a Dios, David le dijo a Goliat: «Yo vengo a ti en el nombre del Señor Todopoderoso, el Dios de los ejércitos de Israel, a los que has desafiado. Hoy mismo el Señor te entregará en mis manos; y yo te mataré y te cortaré la cabeza. Hoy mismo echaré los cadáveres del ejército filisteo a las aves del cielo y a las fieras del campo, y todo el mundo sabrá que hay un Dios en Israel» (1 Samuel 17.45-46).

En séptimo lugar, actúa

Con las cinco piedras y la honda, David se fue acercando a Goliat. La Biblia dice: «Le echó una mirada a David y, al darse cuenta de que era apenas un muchacho… con desprecio le dijo: ¿Soy acaso un perro para que vengas a atacarme con palos? Y maldiciendo a David en nombre de sus dioses» (vv. 42-43). David sabía que hay un solo Dios, por eso cuando oyó a Goliat que lo maldecía por sus dioses, supo que la batalla estaba ganada porque la victoria solo la da el único verdadero Dios.

Vemos aquí descrita en forma vivida la batalla entre los seudodioses y el Santo Totalmente Otro. Y esa es la batalla que se da hoy en nuestra vida. No son las probabilidades que tengamos, no es el matrimonio, no son los hijos, no es la corporación o el gobierno. Es la batalla entre los seudodioses del mundo y Jehová.

En octavo lugar, concluye la tarea

Hizo girar la honda, y la piedra salió disparada contra la frente de Goliat. Cuando el gigante cayó al suelo, David tomó la espada de Goliat y terminó la batalla. Si Dios nos llama a hacer algo, concluyámoslo. Concluyamos la tarea para la gloria de Dios, porque la batalla es del Señor.

Cuando vencemos, olvidamos que siempre hay alguna reacción. Una vez concluida la batalla, el pueblo comenzó a cantar: «Saúl hirió a sus miles, y David a sus diez miles». Saúl sintió celos y se enojó.

Para David apenas comenzaban los problemas. Al poco tiempo estaba clamando: «Señor ¿qué es todo esto? Me diste esta gran batalla y este gran triunfo, y ahora el rey Saúl me persigue, precisamente la persona que traté de ayudar».

No pienses que porque hayas matado a un Goliat, el resto de tu vida será tranquila. Habrá más, habrá gigantes mientras vivamos.

Cuando estaba en la Universidad de Yale, Jim y yo nos hicimos buenos amigos. Él era ya de edad avanzada, muy cordial, y compartimos momentos muy agradables. Hace un par de años regresé a Yale para dar una conferencia, y Jim me llamó para decirme que deseaba verme. Siempre había sido rico, y a los ochenta y dos años todavía conducía un gran Cadillac.

Mientras hablábamos me dijo: «David, han sido años muy difíciles». Me explicó que tres años antes, su esposa despertó una mañana y le dijo: «¿Quién eres, y dónde estoy?»

Mirándola con sorpresa, Jim le contestó: «Cariño, hemos estado casados por cincuenta años».

Lo miró en forma extraña. «¿Quién eres? No te conozco».

Jim me comentó: «David, tengo destrozado el corazón. La llevé al médico y el diagnóstico fue que tenía Alzheimer».

Lo miré, mientras en mi corazón me preguntaba: Oh Dios, ¿por qué? ¿por qué?

Luego Jim agregó: «David, quiero decirte algo. He cometido muchos errores en la vida. He tenido mucho éxito, pero he sido duro. Toda mi vida he sido duro. En mi compañía despedía a cualquiera que no hiciera bien su trabajo. Nunca toleré debilidades. He tenido muy poca compasión. A los ochenta años, tengo salud, riquezas y puedo ir a donde se me antoje. Pero en mi vida de oración, Dios me ha estado mostrando que incluso ya tan tarde en la vida, necesito aprender a tener compasión. Por eso esta mañana he vendido mi hermosa casa, y me voy a vivir a un hogar de ancianos con mi esposa para cuidarla».

Hoy, si uno va a ese hogar de ancianos, puede ver a ese anciano dando de comer a su esposa, tratando de leerle la Biblia. Pero ella sigue diciendo: «¿Quién eres? No te conozco».

El gigante Alzheimer vive, pero Jim se ha enfrentado a él con valor y fe. Dice: «Voy a hacerle frente y voy a enfrentarlo en el nombre de Jesucristo. No voy a abandonarla. Me quedaré aquí para leerle, para darle de comer. La amo».

Hay gigantes en tu país, hay gigantes en tu casa, hay gigantes en tu trabajo, hay gigantes en tu corazón. Pero la batalla no es nuestra, es de Dios. La batalla no es solo si ganamos o perdemos, es si somos fieles. A veces se nos envían los gigantes para enseñarnos a obedecer, a aprender a escuchar, a sentir compasión. A veces hay seudodioses que hemos convertido en ídolos, nuestra tarea es destruirlos antes que nos destruyan. Pero incluso nuestros más terribles gigantes, cuando se los ve a través de los ojos de Dios, se pueden tomar como mensajeros de su amor. Son para mostrarnos que Él lo controla todo, que emplea las cosas necias del mundo para confundir a los sabios y que la fe es la victoria que vence al mundo.

«Los que están sanos no tienen necesidad de médico,
sino los enfermos».

—Lucas 5.31

12

EL PERDÓN: LA GRACIA SANADORA

El doctor Anderson era un médico muy distinguido. Después de trabajar intensamente en la facultad de medicina, regresó para servir en su ciudad natal. Se dedicó de lleno a la medicina general y también participó en forma activa en la comunidad. Llegó a ser un ciudadano destacado e interesado por el bien de la comunidad.

En la práctica de la medicina, Anderson lo tomaba todo muy en serio. Trataba a los pacientes con respeto y procuraba darles la mejor atención profesional posible. A pesar de todos sus esfuerzos, uno de sus pacientes lo demandó por mala práctica. Eso lo abrumó. Se sintió rechazado y desalentado. Había hecho lo mejor que pudo en el caso de ese paciente y ahora veía amenazados su honor e integridad. Se enojó, se deprimió y se retrajo.

La demanda por mala práctica médica llegó a juicio y el dictamen fue favorable para el médico. Sin embargo, el doctor Anderson descubrió que todavía se sentía enojado y deprimido. Tenía mucho resentimiento contra la mujer que lo había demandado. Aunque ya estaba «libre», la experiencia y el dolor que eso le produjo todavía lo tenían cautivo.

Una noche, el doctor Anderson soñó que un cirujano lo operaba. Le abría el tórax, y cuando miraba dentro veía que su corazón estaba herido y sangrante. Al recordar ese sueño tan real se sintió turbado. ¿Qué significaba?

De repente se dio cuenta. Me dijo que entendió que su enojo y su resentimiento por la demanda de mala práctica lo estaban consumiendo por dentro y a no ser que perdonara a la mujer que lo demandó, acabaría por destruirse a sí mismo. Por primera vez en la vida, el doctor Anderson entendió que para sanar es necesario el perdón. No había otra opción. Si no perdonaba, continuaría cargando con la herida y el resentimiento en su corazón por el resto de la vida.

A partir de ese momento comenzó a encarar sus sentimientos y a eliminar su dolor. Era una persona religiosa, de modo que oró y puso todo el incidente en manos de Dios. Una vez resuelto eso, decidió pasar del perdón a la reconciliación. Se puso en contacto con la mujer y juntos pudieron llegar a la reconciliación.

El perdón: un proceso mental y espiritual

Estoy convencido de que el perdón, además de ser una decisión sicológica, es un proceso sicoespiritual. Al eliminar la herida del corazón, somos sensibles a un Dios trascendente que nos ama y cuida. Él hace que sea más fácil escoger el perdón.

El doctor Anderson dio un paso más allá del perdón. Pasó del perdón a la reconciliación al entrar en contacto con la persona que lo lesionó. Es importante destacar que el perdón y la reconciliación son dos técnicas diferentes. Están relacionadas entre sí, pero no se pueden emplear al mismo tiempo. Nos hemos de ocupar primero de nuestros particulares sentimientos de dolor y resentimiento para llegar al perdón. Luego, si lo determinamos, podemos pensar en la reconciliación.

En mi propia experiencia en el campo de la siquiatría, el perdón es un asunto que se entiende muy poco. Por definición perdón significa «otorgar libertad de un castigo; dejar de culpar o de sentir resentimiento por el mal causado». Para que ocurra el perdón, tiene que haber daño. Así como no puede haber indulto sin delito, el perdón no puede ocurrir sin que antes se haya producido una herida.

El perdón y los seudodioses

El perdón no es algo optativo. En realidad, es el proceso y significado de la vida, precisamente porque ella está herida. No importa quiénes seamos, todos dejamos una estela de dolor. Esa estela incluye heridas que nos hemos causado nosotros mismos con nuestras decisiones o errores. También incluye las lesiones que otros nos han producido con su insensibilidad o crueldad. Otras heridas son sencillamente el resultado de circunstancias desafortunadas o de sucesos naturales.

Cualesquiera sean las causas de nuestras heridas, si no nos ocupamos de ellas, el dolor comienza a endurecernos el corazón. La dureza nos contamina. Somos menos capaces de sentir y establecer contacto con otros. En otras palabras, el resentimiento y el dolor en el corazón producen alienación en nosotros y los que nos rodean. La falta de perdón destruye las relaciones, aumentando el aislamiento y la fragmentación de nuestro mundo.

El perdón libera los sentimientos heridos y, en caso de necesidad, los saca del nivel inconsciente al consciente. Una vez se vuelven conscientes, podemos separar la experiencia dolorosa de los sentimientos heridos. En otras palabras, un sentimiento herido está conectado con una experiencia concreta y lleva en sí mismo energía sicológica. El perdón separa el sentimiento herido de la experiencia, luego expresa el dolor y lo olvida. Perdonar no es olvidar. Aunque recordemos la experiencia, su recuerdo ya no nos altera, porque ha sido separado del sentimiento herido.

El perdón es fundamental para sanar al corazón. Es parte necesaria del proceso de derribar a nuestros seudodioses. Como hemos visto, creamos ídolos y adicciones para anestesiar el dolor que llevamos dentro. Solo por medio del proceso de perdón se puede en realidad aliviar nuestro dolor. Por medio de una verdadera sanidad se disminuyen nuestros apetitos narcisistas. Una vez que el perdón comienza a sanar a nuestro corazón, estamos en condiciones de apartar el culto a nuestro yo narcisista para postrarnos ante el verdadero Dios, el Santo Totalmente Otro.

Desde luego, el perdón no incluye condonar la conducta destructora. Ni tampoco quiere decir que recuperemos de inmediato la confianza en la persona que nos ha maltratado. No significa fingir que todo está muy bien utilizando la negación y la represión de la ira. El perdón es el proceso de sustituir sentimientos negativos, dolorosos, por sentimientos genuinos de amor y aceptación. Y no es posible perdonar si no decidimos encarar nuestros sentimientos heridos.

No podemos experimentar el perdón si seguimos apoyando el engaño de nuestro falso yo que niega la herida. Al perdonar, rompemos con la fachada artificial del falso yo para permitir que surja el verdadero yo, ya sanado de nuevo y otra vez susceptible. Al eliminar nuestra posición defensiva, el perdón nos permite desarrollar un sentido de compasión hacia nosotros mismos y también hacia los demás seres humanos. Además crea espacio en nuestro corazón para la amorosa presencia de Dios.

¿Por qué no queremos perdonar?

Como el perdón es un proceso de curación muy poderoso, se pensaría que la inclinación natural es a perdonar, pero no siempre es ese el caso. Hay una serie de razones que tenemos para aferrarnos a nuestros resentimientos y a nuestros sentimientos heridos. Veamos algunos de ellos.[1]

Tener poder y control

Aferrarnos a nuestros resentimientos nos da la sensación de que controlamos la situación y, por consiguiente, nos da una falsa sensación de poder.

Culpar a otros

Nos aferramos al resentimiento porque preferimos culpar a los demás por nuestras circunstancias. Proyectar hacia otros la culpa a veces mitiga el dolor, pero no puede sanar al corazón. El perdón requiere liberarse de culpar a otros y aceptar la responsabilidad particular.

Desempeñar el papel de mártir

El resentimiento nos hace sentir como mártires. Desarrollamos una poderosa defensa masoquista por medio de la cual nos castigamos a nosotros mismos. Es como si, al seguir sufriendo nuestra pena interior, hiciéramos penitencia crónica. Sufrimos constantemente por lo malo que hicimos.

Nos motivamos a nosotros mismos

El resentimiento lo podemos utilizar como una poderosa fuerza motivadora. Como el entrenador que usaba la ira para avivar el entusiasmo de sus luchadores, utilizamos el resentimiento o la ira para que nos ayuden a desempeñarnos. A veces lo logra, pero no puede mejorar nuestra vida ni ayudarnos a desarrollar relaciones. A pesar de que nos desempeñemos con éxito, nos encontramos solitarios y aislados.

Evitar relaciones

No perdonar es una defensa contra más heridas porque evita la comunicación y las relaciones. Al mantener el resentimiento, podemos protegernos a nosotros mismos y no tenemos que dedicar tiempo a relacionarnos con otros.

Proteger

Muchos de nosotros tememos y nos sentimos indefensos porque cuando esperábamos amor, recibimos heridas. Al aferrarnos a nuestro resentimiento, no tenemos que ser susceptibles.

Tener razón

Quizá creamos que tenemos razón y, al aferramos a nuestro resentimiento, no tenemos que pensar en otras posibilidades. Es una forma de seguir teniendo seguridad en nosotros mismos, aunque nos exige ser muy egoístas.

Causar sentimientos de culpa

Pensamos que, manteniendo el resentimiento, podemos hacer que los que nos rodean se sientan culpables por lo que han hecho. Conservamos un nivel de control sobre ellos cuando tocamos de forma incesante el disco del dolor.

Elegir ser víctimas

Aferrarse al resentimiento nos permite mantenernos en el papel de víctimas, lo que nos proporciona identidad, simpatía y una excusa para no asumir responsabilidad.

Temer la reconciliación

Una señora dijo: «Si perdono a mi esposo, me da miedo tener que volver con él». Olvidamos que el perdón y la reconciliación son dos procesos. Aunque están relacionados, siguen siendo diferentes.

Un antiguo modelo de perdón

La historia del doctor Anderson es un caso moderno de perdón. Pero hay otro modelo en el Nuevo Testamento que tiene un valor inconmensurable. Es la parábola del hijo pródigo. En ella se ilustra el perdón. Es un relato sencillo pero cargado de significado (Lucas 15.11-32).

Un hombre tenía dos hijos, uno mayor y otro más joven. El más joven le pidió a su padre que le diera la herencia que le correspondía porque deseaba disfrutarla en vida de su padre.

El padre estuvo dispuesto a escuchar y le dio lo que pedía. Cuando recibió su parte de la herencia, el joven se fue en seguida a un país lejano. En ese lugar, malgastó su herencia en una vida disoluta. Anduvo de juerga con vino, mujeres y música. Se gastó todo lo que tenía y muy pronto quedó en la bancarrota. Sin dinero ni conexiones, se encontró en medio de una grave hambruna que estaba arruinando a todo el país.

El joven llegó a establecer una buena relación con un ciudadano de ese país. Con el fin de ayudarlo, el hombre envió al hijo pródigo a cuidar sus cerdos. Mientras los atendía, el hijo pródigo tuvo tanta hambre que empezó a desear el alimento de los cerdos. Entonces, se dio cuenta de que estaba en apuros. Si no conseguía ayuda, se hundiría por completo.

Se enfrentó con la situación. Se dio cuenta de que su realidad era desesperada. Recordó que su padre era muy bueno. Sabía que, aunque le había fallado y se había rebelado contra él, lo recibiría. Le confesaría todo lo mal que se había portado y le pediría perdón. También le explicaría que ya no merecía ser considerado como hijo suyo pero que estaba dispuesto a ser uno más entre los que trabajaban para su padre.

Desesperado, se fue a su casa. Sin duda que sentía temor, no sabía cuál sería la respuesta de su progenitor. Al aproximarse a su casa, se sorprendió al ver que su padre estaba oteando el horizonte esperándolo.

Con lágrimas en los ojos, el hijo le dijo a su papá que se había rebelado contra la fe que le había inculcado a la familia. Contó su historia; estaba muy arrepentido y no se sentía digno de ser tenido por hijo de su padre. «Seré tu siervo», afirmó.

Su padre no hizo caso de lo que le decía. Aceptó a su hijo sin condiciones y lo abrazó. Dio instrucciones para que le pusieran un anillo en el dedo. Lo que simbolizaba compromiso. Envió a buscar sandalias nuevas para colocárselas en los pies, indicando que su hijo iba ahora a andar por un sendero nuevo. Y mandó a buscar ropa, lo cual representaba una nueva forma de mirar la vida.

Luego el padre organizó una fiesta para celebrar; mandó que mataran el ternero más gordo, con lo que dio a entender que se trataba de una ocasión muy especial. Tanto el padre como todos en la casa disfrutaron mucho dándole la bienvenida al hijo perdido que había regresado.

Sin embargo, el padre tenía otro hijo. Este no le había pedido la parte de la herencia que le correspondía. Se había quedado en casa para trabajar con dedicación en la finca. Al regresar del trabajo, oyó música. «¿Qué sucede?», le preguntó a uno de los trabajadores. «Tu hermano ha regresado y tu padre ha organizado una fiesta para celebrar su llegada», contestó el hombre.

El trabajador le explicó que el hijo más joven había dilapidado la fortuna, había pasado por tiempos difíciles, y que había regresado.

El padre se había llenado de tanta alegría que organizó una fiesta de bienvenida para el hijo.

El hijo mayor se enfadó mucho. Al llegar a la casa, el padre le pidió que fuera a la fiesta. Pero el hijo, muy irritado, se negó. «Padre», le dijo con amargura, «todos estos años he estado trabajando para ti. Ni una sola vez has ofrecido una fiesta como esta. Ni una sola vez has invitado a mis amigos para agasajarlos. ¿Por qué debo festejar?»

El padre le puso la mano en el hombro y le respondió: «Hijo, todo lo que tengo te pertenece. Claro que has sido fiel y como recompensa obtendrás todos mis bienes. Pero hoy mi corazón está alegre, porque tu hermano, que estaba perdido, ha sido hallado. Estaba muerto, y ahora está vivo. ¿No es esta razón suficiente para regocijarse?»

Viaje a una tierra lejana

Muchos de nosotros hemos andado por lugares por los que nunca soñamos pasar. No hace mucho, después de una conferencia, se me acercó una madre que me abrazó y se puso a llorar. Me explicó que acababa de averiguar que su hija de quince años estaba infestada con el virus de inmunodeficiencia adquirida (VIH).

Todavía estaba bajo el efecto de la noticia. Con lágrimas en los ojos dijo: «Nunca pensé que tendría que pasar por esto. Nunca imaginé que tendría que llegar a semejante situación».

Al mirar lo que nos rodea, vemos la epidemia del SIDA, la delincuencia siempre en aumento, la fragmentación de los distritos pobres de las ciudades, la desintegración de la familia y la inseguridad de nuestros puestos de trabajo. Nos encontramos en un lugar extraño, en territorio desconocido, en un país diferente. Como el hijo pródigo, estamos inseguros en cuanto a cómo debemos comportarnos.

En ese país lejano, el joven hijo sucumbió ante poderosos seudodioses. Esos ídolos son tentadores cuando nos sentimos inseguros. El seudodios del materialismo, el seudodios del placer, del sentirse bien o de lucir bien, todos ellos lo sedujeron. El joven determinó pasar lo mejor posible en una búsqueda completa de placeres.

Luego se acabó el dinero y quedó desamparado. Se derrumbaron los seudodioses del hijo pródigo. Como siempre sucede cuando hemos sido seducidos y explotados, se encontró perdido. Había hambruna en el país, por lo que se sintió vacío, aislado y perdido. Vemos un retrato patético de vacuidad, tanto interna como externa en el joven que contemplaba a los cerdos y deseaba la basura que se estaban devorando.

Tomar conciencia

La parábola dice que el joven recapacitó. Reconoció que estaba quebrantado. Había tocado fondo. Ese es siempre el primer paso en la sanidad y el perdón: reconocer el dolor que hay en el corazón. Y también debe haber conciencia del mal o dolor que se ha causado.

Como dije antes, no podemos perdonar sin que haya un delito de por medio y, a no ser que haya conciencia de la herida, no puede haber perdón. Nuestro Señor lo dijo así: «Los que están sanos no tienen necesidad de médico, sino los enfermos» (Lucas 5.31). El proceso de sanidad puede comenzar cuando tomamos conciencia de nuestras heridas, de nuestras necesidades.

A menudo, en sicoterapia, nos apresuramos a proponer soluciones o a establecer metas para el tratamiento sin permitir que los pacientes se enfrenten con su estela de dolor. No habrá curación a no ser que se esté dispuesto a llegar hasta la raíz del dolor, a encarar el yo interno herido y a quitarse la máscara del falso yo defensivo.

Enfrentar los sentimientos

El joven ya no sabía qué hacer en una situación tan desesperada, alimentando cerdos. A esas alturas, entró en contacto con sus sentimientos heridos. Estaba enojado con la decisión que había tomado de abandonar su casa. Estaba avergonzado por lo bajo que había caído. Se sentía culpable. Tenía miedo.

Al enfrentarse con los sentimientos en su corazón, el hijo pródigo satisfizo un requisito clave para el perdón. A no ser que sepamos encarar nuestras heridas, es difícil que el proceso de perdón funcione. Al separar nuestros sentimientos heridos y liberarlos de las experiencias que los produjeron, comenzamos a sentir emociones nuevas y positivas.

Cuando el joven tomó conciencia de sus sentimientos heridos, recordó cómo se vivía en su casa. Recordó que su padre era bondadoso. Recordó que su padre tenía muchos trabajadores y comenzó a sentir la esperanza de que quizá lo aceptara como jornalero.

Es sorprendente lo que sucede cuando se liberan nuestros sentimientos heridos. Cuando el corazón está lleno de resentimiento, hay poco espacio para el amor y los recuerdos positivos. Pero en cuanto resolvemos el problema de los sentimientos heridos y los liberamos, comenzamos a experimentar amor, significado y esperanza.

Cambiar la actitud

Cuando el joven encaró sus sentimientos, evocó el recuerdo de su padre y admitió que se había equivocado, decidió de manera voluntaria levantarse y regresar a su casa. En el proceso de perdón, la voluntad es muy importante.

A veces deseamos desarrollar la voluntad de levantarnos y hacer algo, pero no tenemos la disposición para sentarnos a hacer frente a nuestro corazón. El joven primero se ocupó del corazón, mientras observaba a los cerdos y analizaba las dolorosas emociones que se albergaban en su corazón. Solo entonces estuvo listo para levantarse e ir a su padre.

Cuando el hijo quebrantado encontró el camino de regreso a su padre, descubrió que este lo estaba esperando. Qué imagen tan estupenda del amor de Dios por nosotros. Cuando somos sensibles a su amor, buscando perdón y reconciliación, Él viene a nuestro encuentro.

Escoger la humildad

El joven se inclinó ante su padre y admitió que se había comportado mal. Reconoció que ya no merecía ser hijo suyo y le dijo que estaba dispuesto a ser uno de sus jornaleros. Fue una profunda expresión de humildad. La humildad es la disposición de aceptar nuestras heridas y de comprender que estamos dispuestos a ocupar el último lugar, el puesto más bajo. Una vez que nuestro corazón se ha humillado y que nos hemos enfrentado con la verdad, el puesto ya no importa.

El joven se inclinó ante su padre admitiendo su fallo. La respuesta del padre al hijo es hermosa: lo acepta en forma total.

Encontrar aceptación

La aceptación es una parte importante en cualquier relación. En este caso, la aceptación tuvo cuatro elementos.

En primer lugar, el padre lo recibió con gozo. Hubo una bienvenida y aceptación general del regreso del hijo perdido.

En segundo lugar, el padre le puso un anillo en el dedo, indicando que él mismo se comprometía con la relación entre ambos. La aceptación y el compromiso van juntos. Cuando Dios nos acepta, compromete su amor con nosotros.

En tercer lugar, el padre le puso sandalias en los pies al hijo. La aceptación significa que andamos por una senda diferente. Como somos aceptados, ya no tenemos que andar por los viejos caminos destructivos.

En cuarto lugar, el padre le dio nueva vestimenta. En el amor de Dios, se sustituyen con su justicia nuestras prendas de vestir sucias y harapientas de culpa, vergüenza y rechazo propio. El aspecto nuevo siempre genera una perspectiva novedosa.

Acudimos a Dios con temor, aborreciéndonos a nosotros mismos y defendiéndonos de manera masoquista para descubrir que, a pesar de todo, somos en realidad aceptados. Se nos da la bienvenida y la garantía de que Él se compromete con nosotros. La aceptación por su parte nos da valor para andar por lugares nuevos. Nos vemos vestidos con prendas nuevas y con una perspectiva transformada. Todo ello se produce como resultado de la aceptación sanadora por parte de nuestro Padre.

Disfrutar la celebración

Ahora todos participan de una alegre celebración. El hijo que estaba perdido ha sido hallado. El perdón y la celebración van siempre juntos.

Pero muchos de nosotros, debido al enojo que llevamos en el corazón, no sabemos celebrar de verdad. La auténtica prueba del perdón es la libertad de regocijarse en una vida creada de nuevo.

Encuentro un sentido parecido de celebración en el programa *Haven* en Washington, donde trabajamos con jóvenes que han luchado con la adicción al *crack* y con algunos de los delitos más aborrecibles y conductas destructivas que uno pueda imaginar. Cuando vemos que esos hombres llegan a aceptar el amor de Dios, recibiendo el anillo del compromiso de Dios con ellos, la vestimenta de una nueva perspectiva y los zapatos para andar en una dirección diferente, hay muchísima razón para celebrar.

Un miércoles por la noche, la hermana y la madre de un joven llegaron a visitarlo. Hacía poco que ese joven había abierto su corazón al perdón de Dios y había comenzado el proceso de sanidad interior. Al contarle su madre cómo había orado y luchado por él, los ojos de ella se llenaron de lágrimas. Todos compartimos el triunfo espiritual que obtuvo y disfrutamos de unidad. Lo celebramos luego con una comida sencilla y nos regocijamos juntos como si fuéramos uno.

Negarse a celebrar

En el relato del hijo pródigo, su hermano mayor se negó a celebrar. Sin duda que podemos entender sus razones. Siempre se había comportado bien. No había pedido su parte de la herencia. No había despilfarrado su dinero. No se había hecho adicto a las drogas. Nunca había cometido adulterio. No estaba divorciado. Había permanecido relacionado con su padre y había hecho todo lo que correspondía.

Al escuchar la fiesta que se celebraba, se molestó cuando supo que su hermano era el huésped de honor. Su padre le salió al encuentro para tratar de razonar con él, pero estaba tan enfadado que se negó a asistir a la fiesta. No podía celebrar.

Usando lo que los sicólogos llaman teoría de relaciones objetivas, esos dos hombres, el hijo pródigo y su hermano mayor, representan los dos lados diferentes del corazón. El lado pródigo del corazón es la parte que sabe que hemos echado a perder las cosas. No cabe duda.

Esa relación amorosa, ese fracaso, ese mal hábito que no hemos superado, esa drogadicción, ese trabajo perdido, ese autosabotaje. El lado pródigo del corazón reconoce que hemos fallado y que necesitamos el perdón y la reconciliación con el amor de Dios.

El otro lado del corazón, el del hijo mayor, representa la parte de nuestra vida en la que lo hemos hecho todo bien. No fuimos promiscuos, no echamos a perder las cosas, no nos saboteamos a nosotros mismos, no tuvimos relaciones fuera del matrimonio, todo lo hicimos bien. Esta parte de nosotros es la que ven las personas los domingos por la mañana en la iglesia. Nos enorgullecemos de la parte del hijo mayor del corazón. Pero la verdad es que no sabemos celebrar porque no podemos perdonar a la otra parte de nosotros mismos. Somos duros con nosotros mismos. Preferimos destruirnos que celebrar porque el lado pródigo del corazón puede ser curado o perdonado.

Aunque lo hayamos hecho todo bien, estamos equivocados.

Al ponernos frente a esos dos lados del corazón, necesitamos exclamar como David: «Dame integridad de corazón para temer tu nombre» (Salmos 86.11). El perdón comienza cuando nos ocupamos del lado pródigo de nosotros mismos, aunque el perdón también nos exige que encaremos el lado del hijo mayor del corazón. Debemos enfrentarnos con la realidad de nuestras heridas en todos los lados del corazón, en todos los lados de la vida. Solo entonces podemos buscar el perdón, la reconciliación y la celebración del amor de Dios.

Padre, perdón

El tema del perdón me recuerda a la antigua Catedral de Coventry, en Inglaterra. La destruyeron los bombardeos durante la Segunda Guerra Mundial y en el altar que queda hay una cruz hecha con vigas chamuscadas. Detrás de la cruz hay una simple inscripción: «Padre, perdón».

Solo cuando entramos en nuestro corazón y nos ocupamos de nuestros sentimientos heridos nos hacemos sensibles de nuevo al amor de Dios. El principio del perdón es el que nos permite hacer frente a las luchas constantes de la vida, mientras buscamos a los demás en esperanza y significado. Se ha dicho que esperanza no es buscar el éxito de nuestros esfuerzos sino reconocer que lo que hacemos está bien, ya sea que tengamos éxito o no.

Esperanza y perdón van juntos porque ambos implican que, en última instancia, el amor es más fuerte que el temor. El valor es superior a la desesperanza. El reino de la verdad sobrevivirá al imperio del engaño. El perdón es la senda hacia la sanidad de las heridas internas que nos empujan hacia los falsos dioses. El perdón es la senda hacia el amor. El perdón es la única senda que lleva a la reconciliación con Dios y a la adoración al Santo Totalmente Otro.

13

DE LAS HERIDAS
A LA ADORACIÓN

Era uno de esos días especiales en Nassau. La brisa soplaba suavemente y los colores del mar eran radiantes. Las olas danzaban unas con otras al abatirse contra la playa. Y el sol, una gran bola incandescente, se ponía perezoso en el horizonte y producía un atardecer encantador.

El atardecer, las olas y la playa formaban una hermosa armonía, y mi alma se sentía cautivada. Pensé en las palabras de Byron:

Se encuentra placer en los bosques sin sendas,
Se encuentra placer en la solitaria playa.[1]

Avanzando hacia esta escena paradisíaca, experimenté una sensación de unión conmigo mismo, con la naturaleza y con Dios. Esa belleza es trascendente, se apodera de la médula misma de nuestro ser. Mi primera inclinación fue conservarla. Quise pintarla, fotografiarla, perpetuarla. Pero ¿por qué? ¿Por qué no podía solo aceptarla, disfrutarla? Mi deseo de capturarla, pintarla y conservarla nacía de mi deseo siempre presente de control.

Cuando me libero de ese deseo, descubro que miro más allá del ambiente sereno hacia el Artista mismo. Entonces la hermosa escena se convierte en una experiencia de adoración. La belleza no era lo definitivo sino lo que me atraía hacia el Creador que con tanto arte había pintado el cuadro.

Rendir adoración es postrar a la persona toda en reverencia y asombro ante el Santo de los santos, el Dios Todopoderoso, el Ser Supremo, el Creador de la vida y del universo. Armoniza con el mandamiento: «No tendrás dioses ajenos delante de mí» (Deuteronomio 5.7, RVR60).

Claro que nuestro obstáculo mayor para rendir adoración es el propio narcisismo y el espíritu de grandiosidad. Ellos nos conducen a rendirle culto a las imágenes proyectadas de nosotros mismos y a crear seudodioses, ídolos hechos a nuestra imagen. Ya has visto la importancia de apartarse de los falsos dioses, de repudiarlos y derribarlos. Pero una vez hecho eso, no es tan fácil como parece mantener una idea clara de qué es rendir adoración.

¿Qué es rendir adoración? No es un formalismo rutinario, un ritualismo ni una serie de acciones. Antes bien, es un compromiso de que todo lo que se relaciona con nosotros —cualquier situación, problema, emoción, actividad o persona— sea sometido, en nuestra mente y corazón, al Santo Totalmente Otro.

La historia del rey Usías

En los primeros capítulos de este libro analizamos la formación de nuestros ídolos. Quizá uno de los seudodioses más poderosos en la cultura moderna es la religión misma. Cuando adoptamos este seudodios, perdemos el verdadero sentido de la adoración y damos cabida a tradiciones superficiales que conllevan rendir adoración pero que no tienen ninguna realidad espiritual.

Eso se ilustra con claridad en la vida del joven rey Usías. Se nos habla de él en el Segundo Libro de Crónicas en el Antiguo Testamento. Usías comenzó a reinar con una comprensión profunda de lo que significaba rendir adoración. Sin embargo, al final de sus días, permitió que los seudodioses del poder, el materialismo y el éxito destruyeran su relación con el Santo Totalmente Otro.

Usías llegó a ser rey a los dieciséis años. Como gobernante joven, era susceptible, temeroso y cauteloso. Sin embargo, comprometido como estaba con su fe personal, siguió el buen ejemplo de sus antepasados hebreos. Se propuso con firmeza servir a Dios y a su reino. Su régimen fue ético y ordenado, gobernó con justicia y equidad para todos. La fe de Usías no era un apéndice en su vida sino la médula de su existencia.

La fe de Usías era como una plomada para su existencia y, en consecuencia, se sentía muy motivado. Tuvo éxito en casi todo lo que se propuso hacer. Los éxitos aumentaron su confianza y de ese modo contrarrestaba sus sentimientos de insuficiencia e inexperiencia juvenil.

Usías fue excelente en asuntos militares. Derrotó a los filisteos y a otros enemigos de Israel. Fortificó la ciudad de Jerusalén. Tenía un ejército eficiente, bien organizado y también una poderosa fuerza táctica de choque. Desarrolló la mejor tecnología de armamentos de la época.

Además de sus triunfos en la esfera militar, Usías también logró mucho en la agricultura. Tenía muchísimo ganado que pastaba tanto en los llanos como en las montañas. También era un agricultor entusiasta y desarrolló cultivos valiosos con un sistema de irrigación diseñado con brillantez. Se describió a Usías como un hombre que amaba la tierra.

El éxito del rey Usías no tuvo igual, su fama se extendió por todos los confines. Al cabo de un tiempo, sin embargo, se fueron formando seudodioses y comenzó a postrarse ante ellos. Al examinar la experiencia de Usías, no hacemos sino pasar revista al proceso de cómo se forma un falso dios.

La seducción

El éxito le trajo al rey Usías fama, riqueza y poder. Entonces, como ahora, esa combinación es muy seductora. Cuando saboreamos el poder, el éxito y la confianza suprema en nosotros mismos, creamos nuestra propia realidad viendo lo que queremos ver. Solo estamos conscientes de los aspectos positivos de nuestra actividad, negamos o racionalizamos todo lo demás. Eso produce una especie de visión restringida en nuestra mente.

Comenzamos por creer que nuestra fama, poder y riqueza nos producirán satisfacción definitiva. Tanto si miramos al pasado como al futuro, no nos permitimos ver ninguno de los peligros que nuestros seudodioses nos traerán. El cuadro es ciento por ciento positivo. En consecuencia, todo —y quiero decir todo— va orientado hacia la meta de lograr más fama, más riqueza y más poder, o lo que estemos persiguiendo.

Para ese entonces el seudodios adquiere dimensiones enormes y comienza a definir quiénes somos. En el caso del rey Usías, al volverse más famoso y poderoso, la fama y el poder lo definieron e identificaron. Nuestra condición de persona deja de ser un don y nos volvemos dependientes de lo que hemos logrado. En consecuencia, nos esforzamos una y otra vez por lograr más y más.

La explotación

El rey Usías se esforzó con diligencia y se hizo más fuerte. Pero al poco tiempo, ya no poseía fama ni poder; su fama y su poder lo poseían a él.

Con el paso del tiempo, el rey Usías se deshumanizó y perdió su significado, dignidad, identidad y valor. Cuando permitimos que un seudodios nos explote, le entregamos nuestra identificación de autoridad propia. Como resultado de ello, el rendir adoración y la gratitud dejan de ser valores primarios. Eso conduce a corrupción, arrogancia y grandiosidad.

El abandono

Arrogante y con un concepto equivocado del poder, el rey Usías se convirtió en su propio dios. Aquí tenemos a un hombre que en otro tiempo fue religioso, que dedicó su vida a rendir culto y a servir a Dios, pero ahora adora a una imagen proyectada de sí mismo, a un seudodios. Con eso, perdió los márgenes de la santidad. Se fue hinchando de orgullo y ya no quiso postrarse ante el Dios santo. En su poder y arrogancia narcisista, usurpó el papel de los sacerdotes. Decidió que él, y no ellos, quemaría incienso en el templo (2 Crónicas 27.16-18).

La comunidad de Usías, los sacerdotes que lo acompañaron durante todo su reinado, trató de detenerlo pero él rechazó su intervención. Se había convertido en su propia autoridad. Y en medio de su rebelión y enojo, se derrumbó su dios. Usías contrajo de repente la temida enfermedad de la lepra y fue echado del palacio. Pasó el resto de su vida como un paria fuera de las murallas de la ciudad.

Cómo derribar a los dioses

En la historia del rey Usías vemos el derribo de los dioses que llevamos dentro. Vemos el derribo del dios del narcisismo, es decir, su orgullo que trataba de hacerlo todo a su manera. Vemos el derribo del dios de la conformidad, porque Usías deseaba ser como los sacerdotes en vez de aceptar su propia vocación. Vemos la desaparición del dios del materialismo, al volverse poderoso y rico también se transformó en orgulloso y arrogante. Vemos la destrucción de la ilusión de la permanencia, el pensamiento de que podía hacer lo que deseaba y que todo seguiría siempre igual. Vemos el culto a lo extraordinario, porque aunque había conseguido ser rey, guerrero y estadista, también deseaba asumir el papel de sacerdote.

El significado de rendir adoración

Isaías, el sabio profeta hebreo, dejó constancia en la Biblia que en el año de la muerte del rey Usías, tuvo una visión del Señor Dios. Rendir adoración es tener una visión del Santo. Según Isaías, su visión del Santo fue que «vi yo al Señor sentado sobre un trono alto y sublime, y sus faldas llenaban el templo» (Isaías 6.1, RVR60). A pesar de nuestra religiosidad, nos resulta imposible tener la vivencia de la verdadera adoración hasta que nuestros seudodioses sean derribados. Quizá por eso la visión de Isaías en cuanto al Señor Dios le llegó después de la muerte de Usías.

La visión del Santo es personal en esencia. Rendir adoración requiere un compromiso personal. A menudo tendemos a seguir a la gente, escuchamos las voces que nos rodean o hacemos lo que nos ordenan. Pero la adoración debe centrarse en nuestro corazón. Como el centro de una rueda de bicicleta donde convergen todos los radios, el corazón es una metáfora de nuestro centro, donde se unen todos los aspectos de nuestra vida: social, emocional, espiritual e intelectual.

Nuestro corazón está a menudo tan lleno de las heridas y del dolor de la vida que resulta difícil escuchar o ver la visión del Santo. Para poder desarrollar una visión de Dios en el corazón, tenemos que vaciarnos por medio de nuestra propia vida de oración, por medio del silencio, por medio de la lectura, por medio de la meditación.

El apóstol Pablo nos invita a desarrollar los ojos del corazón, de manera que podamos en realidad valorar la grandeza y la gloria de Dios (Efesios 1.18). Solo la adoración nos permite desarrollar los sentidos del corazón, porque cuando vemos con el corazón, no solo vemos la presencia de Dios sino que la percibimos. Cuando escuchamos con los oídos del corazón, no solo oímos su sabiduría sino que la entendemos. Cuando tocamos y sentimos con el corazón, nos comunicamos y somos sensibles a su amor. La adoración incluye la voluntad. Es una elección.

La adoración también requiere individuación. Es apartarse de la multitud, encarar nuestra conciencia, despertar a la vida. Es la disposición para dedicar tiempo a escuchar esa voz tranquila y delicada. Rendir adoración significa volverse misionero para con la vida propia, aceptando quien soy a fin de avanzar hacia lo que puedo llegar a ser. Es ver las cosas como son a fin de progresar hacia lo que pueden ser.

Así como los problemas del mundo solo los pueden resolver las personas que los perciben, para rendir adoración a Dios se requiere el compromiso personal de luchar y ser sensible al Santo Totalmente Otro. Este sentido de individuación es complejo. Por un lado, al llegar a conocer a Dios percibimos el sentido de unidad y fusión con Él. Pero para poder adorar a Dios, debe darse diferenciación. Tenemos que darnos cuenta de que si bien Dios está en nosotros y opera por medio nuestro, somos personas individuales que debemos, en forma independiente y libre, decidir postrarnos ante Él y adorarlo.

Rendir adoración: reconocer la supremacía del Santo Totalmente Otro

En la visión que tuvo Isaías del Santo lo impresionó la supremacía de Dios. El Dios verdadero, el Santo de los santos, tiene todo el poder y toda la fuerza. Dios reina en la tierra y más allá de la tierra. Dios es supremo e infinito, en tanto que nosotros somos limitados y finitos. Ser sensibles a Dios significa que nos sometemos a su señorío, a la revelación concreta de su Hijo, a su Palabra y a su revelación por medio de la creación. Vale la pena repetirlo: la médula de la adoración es hacer que todo lo que hay en nuestra vida se postre ante Dios.

Para algunos resulta difícil postrarse. Atrapados en nuestra mente racional, se nos hace difícil humillarnos. Si nos postramos ante el Invisible, pensamos que tenemos que renunciar a nuestra racionalidad. No es así. Al postrarnos ante Dios no somos ni irracionales ni supersticiosos, sino que reconocemos sabiamente nuestra propia impotencia y nos sensibilizamos a Aquel que nos hizo, en quien vivimos, nos movemos y somos.

Rendir adoración: contemplar la belleza como la obra de Dios

En la visión de Isaías los querubines cantaban: «Santo, santo, santo es el Señor Todopoderoso; toda la tierra está llena de su gloria» (Isaías 6.3). La adoración a Dios se une a la visión de su gloria o belleza en la tierra.

La adoración satisface nuestro corazón y nos permite ver y oír la gloria de Dios en la tierra. Frederick von Schiller, el filósofo y dramaturgo alemán, escribió acerca de la educación estética: «Solo la belleza da felicidad a todo, y bajo su influencia el ser humano olvida que está limitado».[2] Interpretando la observación de Schiller, algunos filósofos afirman que la belleza se crea a partir de la paradoja entre la libertad y el destino, la finitud y la infinitud, la naturaleza y el espíritu. Así pues, la adoración a Dios nos permite hacer frente a las paradojas de la vida y experimentar la belleza que hay en el mundo.

La belleza supera todas las fronteras y distinciones creando una humanidad en común. Por ejemplo, después de leer un clásico de la literatura o de ver una gran película u obra de teatro, de cierta manera sentimos que se nos ha escuchado. Nos sentimos comprendidos. En las palabras de Rollo May: «Nuestra soledad se ve mitigada y nuestro corazón se vuelve a sentir como en casa».[3]

Muchos de nosotros estamos tan ocupados que pensamos que no tenemos tiempo de apreciar la belleza. En realidad, nuestro cerebro es bombardeado de manera constante con malas noticias y fenómenos tan feos que sofocamos la belleza. Entonces, cuando nos encontramos frente a ella, nuestra mente no le hace caso o nos vemos ante un conflicto cognoscitivo. Este conflicto se demuestra en el comentario de un poeta de Nueva York. Al ver por primera vez las aguas exquisitas, azul turquesa, de las Bahamas, se enojó y exclamó: «No me gusta. ¡Es demasiado hermoso!»

Herbert Reed, el famoso historiador de arte, nos recuerda: «No se comenta a menudo que las mismas fuerzas que han destruido el misterio de la santidad han destruido el de la belleza».[4] En medio de nuestros horarios tan intensos y con nuestro espíritu agotado, pasamos de largo junto a una encantadora flor, no acertamos a oír la sinfonía de las rugientes olas y no vemos la gloria de Dios en el rostro de un niño pequeño.

Rendir adoración: experimentar el perdón de Dios

Isaías nos dice de su visión que en medio de su impotencia e insuficiencia, fue tocado y perdonado. Dice: «En ese momento voló hacia mí uno de los serafines. Traía en la mano una brasa que, con unas tenazas, había tomado del altar. Con ella me tocó los labios y me dijo: "Mira, esto ha tocado tus labios; tu maldad ha sido borrada, y tu pecado, perdonado"» (Isaías 6.6-7).

La visión del Santo nos enfrenta con nuestra impotencia, pero al hacerlo nos convertimos en el objeto del amor de Dios. El infinito extiende la mano al finito. El amor de Dios busca siempre alcanzarnos. «Nosotros le amamos a él», explica el apóstol Juan, «porque él nos amó primero» (1 Juan 4.19, RVR60). El amor de Dios llega hasta nosotros por medio de libros, de personas, de circunstancias y de la naturaleza.

Pero de forma más concreta nos alcanza por medio de su Palabra, el Antiguo y Nuevo Testamento, de las enseñanzas de los profetas y desde luego de su Hijo, nuestro Señor, que es su mayor muestra de amor por nosotros.

David Brainard describe su conversión: «En un estado triste y melancólico, trataba de orar pero no encontraba en mí fuerzas para ello ni en ningún otro deber… y entonces, cuando caminaba por un denso bosquecillo, pareció como si una gloria inenarrable se abriera para cautivar mi alma… mi alma se regocijó con un gozo indescriptible».[5]

Confrontados por su amor y nuestra impotencia, nos entregamos a Él y experimentamos un nuevo significado, sanidad, esperanza y perdón. Este perdón no crea un mundo diferente, sino que nos permite ver el mundo por medio de ojos transformados, creados de nuevo.

Rendir adoración: practicar la presencia de Dios en oración

Isaías relata: «Entonces oí la voz del Señor que decía: ¿A quién enviaré? ¿Quién irá por nosotros? Y respondí: Aquí estoy. Envíame a mí» (Isaías 6.8).

En esa breve conversación con Dios se definió la vocación de Isaías. La oración es una forma de comunión con Dios. La oración no es solo hablarle a Dios, es compartir su presencia. Es el Espíritu de Dios dentro de nosotros que nos llama a la comunión. El propósito de la oración es ir más allá de un simple ejercicio intelectual para entrar en la oración del corazón.

En la oración del corazón, la oración se convierte en algo así como respirar. Se da sin cesar, en los momentos en vela y durante el sueño. Orar con el corazón requiere meditar acerca del amor de Dios, enfrentarse con nuestro dolor interno y entregárselo a Él. A medida que el corazón se vacía de sus heridas internas, la oración se convierte en su actividad principal. Se llega a orar en el Espíritu, exclamando como María: «Engrandece mi alma al Señor» (Lucas 1.46, RVR60).

La oración fue característica en la vida de Cristo en la tierra. En realidad, lo único que los discípulos le pidieron que les enseñara fue a orar. En un sentido parecido, la oración debiera caracterizar la vida de todos los que buscan una comunión profunda con Dios para que los sane interiormente. Tanto en el Antiguo como el Nuevo Testamentos, la oración fue el sello de las personas que tuvieron como meta de su vida amar y servir a Dios.

- La vida del rey David fue de oración; tanto de petición como de alabanza.
- Elías, Isaías y Jeremías recibieron poder y conocimiento mediante la oración.
- Ana derramó su corazón en oración y su petición fue escuchada.
- Las oraciones de Daniel fueron constantes (tres veces al día), costosas (fue arrojado al foso de los leones) y eficaces.
- Nehemías acudió a Dios en oración cuando se enteró de la situación de Jerusalén y se le dio el privilegio de reconstruir los muros.
- El apóstol Pedro estaba orando cuando recibió una visión referente a los gentiles.
- El apóstol Pablo oraba, tanto en libertad como en cadenas, y nunca dejó de interceder con lágrimas por las iglesias.
- Juan estaba orando y meditando en el día del Señor cuando recibió su revelación.

La oración del corazón

Henri Nouwen me ayudó a tomar más conciencia sobre la necesidad de la «oración del corazón». Me habló de la tradición Hesychast según la cual los monjes repetían la oración de Jesús: «Señor Jesucristo, Hijo Único de Dios, ten misericordia de mí». Al repetirla constantemente, esta petición llega a calar en el corazón y se formula de manera automática. Cuando eso ocurre, la oración es como respirar, es orar sin cesar.

La oración es comunión estrecha entre una persona y Dios, el Origen y la Fuente verdadera de la vida. Como Dios es omnipotente y omnisciente, la oración vincula a los seres humanos finitos con su fuente eterna. Por eso Cristo dijo que las personas debían orar y no desmayar. Nuestro Señor quiso decir que tenemos dos opciones en la vida: o aprendemos a orar o seremos abrumados.

La oración calma el corazón y permite poner en perspectiva nuestros problemas. La oración del corazón es la quintaesencia de la sanidad interior. La oración del corazón desarrolla los ojos del corazón; los que dan un conocimiento más profundo y proporcionan una perspectiva eterna.

La oración entraña renunciar a nuestro dolor, a nuestros sentimientos heridos y a nuestras tendencias destructoras. La oración es vaciarse para poder ser llenados.

> No se inquieten por nada; más bien, en toda ocasión, con oración y ruego, presenten sus peticiones a Dios y denle gracias. Y la paz de Dios, que sobrepasa todo entendimiento, cuidará sus corazones y sus pensamientos en Cristo Jesús. Por último, hermanos, consideren bien todo lo verdadero, todo lo respetable, todo lo justo, todo lo puro, todo lo amable, todo lo digno de admiración, en fin, todo lo que sea excelente o merezca elogio.
>
> Filipenses 4.6-8

Dios ora por nosotros en nuestro corazón

El pensamiento que produce más humildad es que Dios, por medio de Jesucristo, ora por nosotros. Poco antes de separarse de los discípulos, Jesús les dijo que no los dejaría solos sino que les daría su Espíritu para que los consolara y condujera a la verdad. Visto de otra forma, sabemos que el Señor nos dejó su interiorización para darnos intimidad con Dios. Eso conlleva la estabilidad, la constancia y la previsibilidad que necesitamos para sanar emocionalmente. Jesús entra en nuestro vacío interior, por medio de su Espíritu, y ora por nuestra sanidad. «Así mismo, en nuestra debilidad el Espíritu acude a ayudarnos. No sabemos qué pedir, pero el Espíritu mismo intercede por nosotros con gemidos que no pueden expresarse con palabras» (Romanos 8.26).

Eso coloca a la oración bajo una nueva luz. Significa que la oración en el corazón la dirige constantemente el Espíritu Santo. Orar, pues, es conectarse con la comunión con Dios Padre, Hijo y Espíritu Santo. Qué maravilloso es pensar que, al igual que mi familia y mis amigos oran por mí, Dios está orando por mí en mi corazón. Su Espíritu da testimonio a mi espíritu de que soy su hijo.

La oración es abrir el corazón a la oración de Dios que ocurre en nuestra vida. Debido a las interferencias que tenemos en la cabeza y a las que nos rodean, a veces no podemos oír al Espíritu que ora por nosotros. Quizá por eso se nos recuerda lo que sigue: «Tú guardarás en completa paz a aquel cuyo pensamiento en ti persevera; porque en ti ha confiado» (Isaías 26.3, RVR60).

Rendir adoración: una vida de servicio

Isaías dijo: «Heme aquí. ¡Envíame!» Y el Señor respondió: «¡Ve!»

La prueba de que se rinde adoración no se encuentra en ninguna experiencia de éxtasis. Se encuentra en un corazón que se entrega al servicio a Dios y al prójimo. Produce sentimientos de humildad ver cómo Dios vincula su programa de curación a nuestra propia vida, a nuestros deseos y decisiones.

Nuestra vocación en primer lugar llega al corazón; primero se nos envía a trabajar en el campo misionero de nuestra vida. Se nos envía a enfrentarnos con nuestros seudodioses, con nuestros gigantes, con nuestra impotencia, con nuestras familias desintegradas, con nuestros sueños defraudados, con nuestros fracasos. Una vez comenzado este proceso, el amor eterno de Dios se difunde a partir de nuestra vida para unirla con su amor por el mundo. Y al hacerlo, nos convertimos en personas que sirven a los demás.

Al comienzo de este libro hablamos de Brian, el abogado que perdió un caso importante y vio que su seudodios se derrumbaba. En medio de su desesperación, se fue a una isla del Caribe en busca de alivio. Al llegar se encontró con que el huracán Hugo había devastado el lugar. Había arrancado árboles, había destruido muchos edificios, las carreteras estaban deterioradas, las playas estaban llenas de escombros e incluso el hotel estaba en desorden.

En medio de su desesperanza, Brian se encontró con Tom, tasador de seguros, que estaba en la isla para informar acerca de los daños. Tom hizo amistad con Brian y varias veces conversaron acerca de la vida y su significado. Tom compartió con Brian su fe y le dijo que había llegado a entender la fe en Dios. Cuando Brian oyó el relato del amor de Dios, se sintió conmovido y decidió adorar y servir a Dios. Cambió su vida. Tuvo una perspectiva nueva. Sintió alivio cuando entendió que ya no tenía que ser más su propio dios. Supo hacer que sus poderosos seudodioses de la reputación y el éxito en la profesión legal se postraran ante el Dios Todopoderoso.

Al regresar a Washington, Brian descubrió que había desarrollado una nueva sensibilidad hacia los hombres y mujeres que vivían llenos de angustia en la ciudad. Se encontró con un anuncio en el *Washington Post* que pedía ayuda para un refugio de desamparados, *Washington Gospel Mission*. Con temor y temblor Brian fue al lugar y conoció a muchos desamparados.

Se sentó a la mesa a comer con ellos. Se sorprendió cuando uno de los hombres le preguntó cuánto tiempo había estado sin techo. No se había dado cuenta de que parecía uno de ellos. Al principio se sintió enojado y humillado, pero luego al observar a los hombres que lo rodeaban, se dio cuenta de que en realidad era como uno de ellos. En realidad, era uno de ellos.

Brian vio a los desamparados como parte de sí mismo y se vio a sí mismo como parte de ellos. Como resultado del amor de Dios en su corazón, llegó a amarlos. A medida que su fe fue creciendo, la misión se convirtió en su segundo hogar y esos desamparados forman ahora parte de su familia. Ha sacado tiempo en medio de su práctica legal para trabajar como voluntario en la misión. Sentado allí junto a Brian, me conmovió el efecto que han tenido en él esas vidas destrozadas y llenas de sufrimiento. Su amor por ellos refleja el amor de Dios por nosotros. En realidad, es una experiencia de adoración.

En forma sorprendente, el servicio es adoración, y la adoración es servicio.

Rendir adoración: el significado de la vida

Emerson, en su discurso en la Facultad de Teología de Harvard, dijo: «¿Y qué calamidad mayor puede caer sobre una nación que la pérdida de la adoración? Entonces todo se deteriora. El genio abandona el templo para rondar el Senado o el mercado, la literatura se vuelve frívola, la ciencia es fría, los ojos de la juventud no se iluminan con la esperanza de otros mundos y se envejece sin honra. La sociedad es frívola, y cuando los hombres mueren, nadie los recuerda».[6]

Rendir adoración es conocer a Dios y gozar de Él para siempre. Rendir adoración es derribar a los seudodioses y hacer que toda nuestra vida se postre ante Él. Rendir adoración es superar nuestros temores y heridas, permitiéndonos experimentar sin temor su amor y luego compartirlo con los que nos rodean.

El significado de la vida es conocer a Dios, recibir su perdón, postrarse a sus pies y no tener otro dios más que Él. Entonces y solo entonces, es posible adorarlo con todo nuestro corazón, nuestra alma, nuestra mente, nuestra fuerza, y amar al prójimo como a nosotros mismos.

EPÍLOGO: EL AMANECER

La vida está herida. Oye el clamor de los niños con SIDA. Siente la angustia del niño maltratado que encontró dolor donde debió haber amor. Oye los lamentos de los adolescentes que parecen decir que temen más a la vida que a la muerte. Escucha el llanto de las familias que se desintegran. Oye la queja de los que están oprimidos por motivos políticos. Medita en la difícil situación de los desamparados. Analiza el abismo cada vez mayor que separa al rico del pobre. En la esfera humana, al igual que en el reino animal, prevalece la ley de la jungla, con los fuertes acechando a los débiles. Mira dentro de ti mismo y siente la lucha constante entre hacer lo que debes o sucumbir ante lo que no debes.

A la luz de la condición herida de la vida, el significado del Viernes Santo en la tradición judeocristiana es conmovedor. El Viernes Santo significa que Dios, al sentir la tragedia de nuestra existencia, se identificó con nuestro dolor por medio del sufrimiento y la muerte de su Hijo en la cruz. La cruz, con su poste vertical, une lo finito con lo infinito. Y con su poste horizontal une a todos los seres humanos.

La cruz es el punto crítico de la vida. Es el lugar donde se da la batalla entre el amor y el temor, el bien y el mal, la vida y la muerte.

Es el lugar crucial donde Cristo experimentó nuestra alienación del Padre y exclamó: «Dios mío, Dios mío, ¿por qué me has desamparado?» (Mateo 27.46). Podemos imaginar algo del dolor físico, pero nunca comprender a fondo el dolor y la tragedia que estuvieron presentes en la alienación de Dios el Padre experimentada por su Hijo encarnado. Ahí es donde Cristo toca a todos los seres humanos y asume en persona la alienación y la separación que todos experimentamos de alguna manera.

La cruz nos afecta a todos. Y en tres personas clave que están presentes en la muerte de Cristo nos vemos hasta cierto punto a nosotros mismos. Veamos las reacciones de Pilato, Pedro y Judas.

La conformidad de Poncio Pilato

Atrapado entre la multitud furiosa y su propia conciencia, Pilato estaba angustiado. Había dicho que no encontraba nada malo en Jesús, pero Pilato rendía culto al seudodios de la conformidad. Cuando trató de liberar a Jesús, los líderes lo amenazaron: «Si pones en libertad a este hombre, no eres amigo del César».

Temeroso de perjudicar sus oportunidades de promoción, Pilato en contra de su conciencia entregó a Jesús para que fuera crucificado. Entonces, sintiéndose culpable, emprendió un obsesivo ritual de reparación: se lavó las manos y dijo: «Inocente soy yo de la sangre de este justo».

Todos tenemos en nuestra personalidad un aspecto de Pilato. Aunque queremos ser sinceros y justos, a menudo nos sentimos tentados a ser codependientes en busca de poder o de ventajas políticas. En vez de defender lo que creemos, cedemos ante los poderes existentes a fin de apaciguarlos. Pero al final nos sentimos vacíos, culpables y enojados. Y por mucho que tratemos de lavar u olvidar nuestra culpa, esta sigue acosando nuestra conciencia.

El temor de Pedro

Pedro es una figura muy conocida. Impetuoso, tozudo y emotivo, le dijo a nuestro Señor que permanecería junto a Él a toda costa. Pero en cuanto lo reconocieron como seguidor de Jesús se atemorizó; al punto que ocultó su temor con ira y comenzó a maldecir. Protestó con vehemencia que nunca había conocido a ese hombre. Se postró ante el seudodios del temor. Al darse cuenta de la violencia que estaba a punto de destruir a Jesús, temió que le pudiera suceder lo mismo a él.

Por un lado, Pedro se había dedicado al Señor, pero por el otro anhelaba resguardarse a sí mismo de los peligros. ¿Cuántas veces hemos descartado ideas y oportunidades excelentes porque temimos las opiniones de otros? Aunque estamos decididos a ser leales, traicionamos nuestras mejores convicciones con tal de sentirnos a salvo. Después de negar tres veces a Jesús, Pedro reconoció su traición y lloró con remordimiento.

El materialismo de Judas

Judas fue otro idólatra. Adoró al seudodios del materialismo. Aunque vivió y trabajó con Jesús, Judas fue capaz de sacrificar esa incomparable relación por treinta monedas de plata. Desligó su corazón de su compromiso con Cristo y por eso pudo vender a su Señor a sus enemigos. Cuando Judas se dio cuenta de lo que había hecho, confesó que había traicionado a un inocente y se suicidó.

Tenemos algo de Judas en nosotros. ¿Cuántos de nosotros estamos destruyendo literalmente nuestra vida por el materialismo? En nuestro afán por el dinero, el poder y la fama, rendimos culto a nuestras carreras, vendemos a nuestras familias, destruimos nuestra vocación y sacrificamos nuestra humanidad. Nos volvemos ricos en lo material, pero nos empobrecemos, nos volvemos alienados y nos deshumanizamos en espíritu.

Mirar más allá de la cruz

La cruz es un acicate a nuestra esencia misma. ¿Cómo resolvemos el aspecto de Pilato en nosotros: nuestro deseo de conformidad? ¿Cómo resolvemos el rasgo de Pedro en nosotros: nuestro deseo de seguridad? ¿Cómo resolvemos la característica de Judas en nosotros: el deseo de prosperar a toda costa?

Por fortuna, la cruz no es el fin. Si la vida se hubiera detenido el Viernes Santo, sería desdichada. Porque entonces el mal habría triunfado sobre el bien, el odio sobre el amor y la muerte sobre la vida. No, la resurrección de Jesucristo es el acontecimiento más importante de la historia. Su resurrección no es un apéndice de la fe; es la fe misma. Como escribió el apóstol Pablo: «Y si Cristo no ha resucitado, la fe de ustedes es ilusoria y todavía están en sus pecados. En este caso, también están perdidos los que murieron en Cristo. Si la esperanza que tenemos en Cristo fuera sólo para esta vida, seríamos los más desdichados de todos los mortales» (1 Corintios 15.17-19).

Sin la resurrección no habría iglesia cristiana. De hecho una de las pruebas más importantes de la resurrección es la Iglesia Primitiva. En la crucifixión, los discípulos se sintieron descorazonados, tristes y atemorizados. Sus esperanzas fueron demolidas y sus sueños se hicieron añicos. Dos de ellos, camino a Emaús, comentaban con tristeza: «Nosotros abrigábamos la esperanza de que era él quien redimiría a Israel» (Lucas 24.21). El estado de ánimo se reflejó en la respuesta de ellos. Creían que los había engañado.

El profesor William Barclay escribió: «¿Qué hizo que ese grupo de hombres, frustrados, desesperados y atemorizados se convirtieran en un equipo dispuesto a salir a conquistar al mundo? ¿Qué los convenció de que, lo que pensaron que era el final, era en realidad un nuevo comienzo? Solo pudo haber una causa. Jesús regresó. No se explica de ninguna otra manera el cambio en los discípulos. Es muy claro que sin resurrección, el grupo apostólico se habría desintegrado y cada uno hubiera ido por su lado para tratar de olvidar. Sin Domingo de Resurrección, nunca hubiéramos oído hablar del Viernes Santo. Sin la resurrección nunca hubiera llegado a existir la iglesia».

¿Qué produjo la resurrección además de la Iglesia? ¿Qué significa para nosotros, como individuos heridos, la resurrección de Jesucristo?

Dios derrotó al mal

Después de llevar una vida absolutamente buena, Jesucristo, la Palabra encarnada, fue maltratado y crucificado injustamente. De no haber resucitado, hubiera significado que incluso el Dios-Hombre estaba sometido al poderoso dominio de la corrupción. Pero al resucitar deja establecido que el bien derrotó al mal. Significa que la verdad finalmente triunfará. Los oprimidos a la larga recibirán justicia, y los que están con el bien y con lo justo serán reivindicados. La resurrección significa que podemos esforzarnos por vivir en forma decente. Podemos ser transformados de dentro para fuera. Podemos enfrentarnos con valor al dolor y a las heridas de nuestra vida.

El poema de J. R. Lowell «And He Had Compassion» [Y Él tuvo compasión] lo expresa así:

Descuidado parece el gran Vengador,
Las páginas de la historia solo registran
Una lucha con la muerte en la oscuridad
Entre viejos sistemas y la Palabra;
La verdad por siempre en el patíbulo,
La maldad por siempre en el trono,
Pero ese patíbulo inclina la historia,
Y tras el sombrío desconocido
Está Dios dentro de la sombra,
Cuidando lo que le pertenece.[1]

El amor es más fuerte que el odio

En nuestro mundo moderno anima mucho ver la manera en que las personas se están uniendo. El transporte a escala mundial y las comunicaciones internacionales cada vez mejores han permitido la interacción entre las naciones. Con todo, parece que hay una tensión cada vez mayor entre las razas, entre los sexos y entre el mundo desarrollado y el que está en vías de desarrollo. En realidad, han estado reapareciendo muchos prejuicios y odios desagradables.

La verdad es que todos tenemos alguna clase de prejuicios. Los seres humanos están constantemente descartando las partes no deseadas y rechazadas de sí mismos para proyectarlas en personas que tenemos por incapaces o inferiores. Cuando lo hacemos, nos sentimos mejor con respecto a nosotros mismos haciendo de otros los chivos expiatorios.

En la cruz, Jesucristo sufrió las consecuencias del odio y de la amargura. De no haber habido resurrección, las fuerzas del odio y del prejuicio hubieran resultado invencibles. La resurrección de Cristo significa que el poder del amor ha triunfado sobre ellas.

En un sentido parecido, el falso yo utiliza el egoísmo para proteger al yo herido. Si no se tiene apoyo afectuoso durante las experiencias dolorosas que vivimos, se reprime al yo herido y se convierte en el objeto del odio a sí mismo. Así se va desarrollando el falso yo, basado en el narcisismo y la ilusión, para ocultar las heridas. Sin embargo, cuando el falso yo entra en contacto con el amor del yo verdadero, ese falso yo se desvanece. El amor expulsa al temor. El yo verdadero ya no necesita perderse porque ha sido hallado.

La cruz es una declaración del amor de Dios. Su amor elimina nuestro odio por nosotros mismos y saca a la superficie nuestro verdadero yo. Jesucristo dijo: «El que quiera salvar su vida, la perderá» (Marcos 8.35) También dijo: «Si el grano de trigo no cae en tierra y muere, se queda solo. Pero si muere, produce mucho fruto» (Juan 12.24).

La cruz significa que somos amados, aceptados y perdonados. La resurrección confirma ese amor y con eso nos llama a una vida nueva. Nos da el poder de amar, porque el amor nace del ser amado.

La resurrección confirma el perdón

Hacia el final de su carrera, Freud escribió: «La culpa [es] el problema más importante en el desarrollo de la civilización y... el precio que pagamos por avanzar en ella es perder la felicidad debido al aumento en el sentimiento de culpa».[2]

Como nuestro sentimiento de culpa es muy penetrante, gran parte de la vida la pasamos tratando de compensar o pagar por ella. Eso toma a veces la forma de hechos destructivos o punitivos con uno mismo o alguna otra clase de penitencia. Hay diferencias entre nuestros patrones morales y nuestra conducta, como también las hay entre los patrones de Dios y los nuestros.

Atrapados en la vorágine de desear hacer el bien por un lado y no saber lograrlo, por el otro, nuestra alma se llena de inquietud. Esta inquietud y ambivalencia conducen a la alienación de nosotros mismos, de nuestra comunidad, pero sobre todo del Santo Totalmente Otro. La separación de Dios, fuerza vital y dador de todo lo bueno es contra la vida y, de hecho, la muerte misma.

La cruz significa que Dios, por amor, nos perdonó. Significa que su Hijo Jesucristo se identificó con nuestra alienación y se convirtió en el sacrificio perfecto por nuestro fracaso en alcanzar el ideal de un universo moral. La resurrección valida el sacrificio de Cristo y hace de Él el vencedor sobre la alienación y la muerte.

La resurrección significa que la vida ha triunfado

La muerte es un capataz terrible. En realidad, toda la sicopatología se puede ver como una defensa contra la muerte. La muerte hace que la vida resulte absurda. Todos nuestros esfuerzos y luchas se convierten en nada. La muerte nos hace sentir indefensos y se burla de nuestros logros.

Jesucristo murió y resucitó: esta es la victoria más grande de todas las victorias. Significa que no hay desesperación final. Toda la vida tiene esperanza. Porque Él vive, nosotros también viviremos.

Qué significó la resurrección para María

En ninguna otra parte se expresa con más claridad el significado y el testimonio de la resurrección que en la experiencia de María Magdalena que se narra en Juan 20.1-18. Sabemos que era una mujer de mala fama y con una vida catastrófica. Antes de conocer a Cristo, su vida perdió todo el significado de lo verdadero, de lo hermoso y de lo bueno. Era una mujer enfrentada consigo misma. Como otras mujeres que he conocido, adictas al *crack*, el respeto por sí misma y su reputación se destruyó por completo.

Sin embargo, María conoció a Jesús y fue liberada de la tela de araña de su propia destrucción. Su falso yo destructor fue exorcizado, liberando a su verdadero yo herido. Después que por tantos años la habían dominado fuerzas traicioneras y seudodioses, descubrió su propia condición de persona en la relación con Jesús. Al conocerlo, encontró verdadera libertad, amor y esperanza. En su historia vemos el significado de la resurrección y el paso de las heridas a la adoración.

Ella fue una persona consagrada. María Magdalena permaneció junto a la cruz durante la crucifixión, desafiando las mofas de los soldados. A diferencia de Pedro, Pilato y Judas, su amistad no fue por conveniencia. Su amor era verdadero, ninguna recompensa ni peligro ni oposición la iban a disuadir.

El corazón de María estaba anclado en Jesús su Señor. Después de haber soportado la visión de su horrorosa muerte, se dirigió al sepulcro para ungir su cuerpo apenas concluyó el sábado. Su mente estaba puesta solo en Jesús. Nuestra capacidad de captar el significado de la resurrección para nuestra vida depende de nuestro compromiso con el Señor. No puede sanarse el corazón si no hay compromiso.

Ella sabía lo que era la comunión. Para sorpresa de María, la piedra que cerraba el sepulcro fue quitada. Emocionada y temerosa a la vez, corrió en seguida a contárselo a Pedro y a los otros discípulos. No era una persona solitaria. Conocía la comunión y compartió sus experiencias con su grupo.

La comunión es importante en la vida de fe porque no podemos recorrerla solos. La comunión nos brinda apoyo. Sobre todo, por medio de la comunión encontramos consejo para conocer la voluntad de Dios.

El significado de la resurrección da realce a la comunión. Estar en comunidad o en comunión entraña revelarnos unos a otros nuestros puntos débiles y nuestras heridas, aunque esa clase de revelación pueda resultar repugnante a no ser que haya un sentimiento de gracia, comprensión y perdón. ¿Como pueden sentarse juntos blancos y negros? ¿Cómo pueden hombres y mujeres tener relaciones duraderas? Esas uniones solo tienen éxito si hay una base de perdón y amor mutuos. Se nos advierte que debemos perdonarnos como Dios y Cristo nos han perdonado.

Ella miró con los ojos del amor. María les contó ansiosamente a Pedro y a Juan lo que había encontrado en el sepulcro. Al oír la noticia, ambos corrieron hacia el lugar. Juan llegó antes y miró dentro, en tanto que Pedro encontró el sudario. Juan entonces entró al sepulcro y encontró lo que Pedro vio. La Biblia dice que al verlo, Juan creyó.

Es interesante advertir que Juan y María Magdalena fueron los primeros en creer en la resurrección. Esas dos personas estuvieron muy unidas a Jesús y lo amaron mucho. Ambas permanecieron junto a la cruz durante la crucifixión, arriesgando su vida, para estar con el que amaban. Y fueron recompensadas con el primer atisbo de la resurrección.

El amor nos permite desarrollar los ojos del corazón. Más que ver a una persona físicamente, los ojos del corazón nos permiten conocerla en lo íntimo. Es difícil interpretar el pensamiento de otra persona si no se tiene una relación con ella. La relación establece una conexión empática que nos permite conocer la mente y el pensamiento de la persona. Como María y Juan amaban a Jesús, les fue más fácil interpretar el significado de la vida, muerte y resurrección de Él.

En sentido parecido, la vida de fe fluye de nuestra relación con Dios. La quietud y el desarrollo del silencio interior nos permiten conocer a Dios. Eso significa amar a Dios y gozar de Él en medio de las heridas de la vida.

María conoció la importancia de la Biblia. Aunque creyeron cuando vieron el sepulcro vacío, los discípulos siguieron sin tener una idea clara acerca del hecho de que Cristo resucitaría. El Cristo resucitado, al encontrarse con dos de los discípulos camino a Emaús, los interrogó acerca de la negativa de ellos a creer la Biblia: «¡Qué torpes son ustedes —les dijo—, y qué tardos de corazón para creer todo lo que han dicho los profetas! ¿Acaso no tenía que sufrir el Cristo estas cosas antes de entrar en su gloria? Entonces, comenzando por Moisés y por todos los profetas, les explicó lo que se refería a él en todas las Escrituras» (Lucas 24.25-27).

David proclamó en los Salmos: «La ley del Señor es perfecta: infunde nuevo aliento. El mandato del Señor es digno de confianza: da sabiduría al sencillo. Los preceptos del Señor son rectos: traen alegría al corazón. El mandamiento del Señor es claro: da luz a los ojos» (Salmos 19.7-8).

Es evidente que la Palabra de Dios no es opcional para la vida espiritual; es un componente esencial. Porque Dios, que se ha revelado a sí mismo en su Hijo, también lo hizo en su Palabra. Como dijera Jesús: «El cielo y la tierra pasarán, pero mis palabras jamás pasarán» (Marcos 13.31).

Así como los discípulos eran incapaces de ver la realidad de la resurrección porque no creían en la Biblia, también nosotros vivimos en ignorancia y temor puesto que no tomamos en serio la disciplina de estudiar, entender y obedecer su Palabra.

María perseveró. Después de acudir al sepulcro y descubrir que no estaba el cuerpo de Jesús, los discípulos regresaron a sus casas. El hogar es un lugar de descanso, un lugar donde nos sentimos protegidos. Es lo conocido, y a veces somos esclavos de eso que conocemos. Puede parecer raro que los discípulos sencillamente regresaran a su casa, cuando se encontraban frente al acontecimiento más devastador de la historia. Pero ciertos sucesos nuevos pueden producirnos ese efecto.

Temerosos, inseguros y desconfiados, nos vemos arrastrados hacia lo conocido. ¿Cuántos de nosotros hemos desaprovechado grandes oportunidades porque fuimos incapaces de salir de la cárcel de lo conocido? Hogar dulce hogar, quizá lo sea, pero también puede destruir nuevos derroteros, disminuir los riesgos y estimular una triunfante mediocridad.

El motivo que tuvieron los discípulos para irse a la casa quizá fue contradictorio. Como el cuerpo de Jesús no aparecía, tal vez temieron que los culparían de ello y los iban a perseguir. Es posible que la casa fuera el punto de reunión y quizá regresaron para informar a los demás de lo que había sucedido. No sabemos.

Lo que sí sabemos es que María perseveró. Permaneció junto al sepulcro. La perseverancia aumenta la fe y viceversa. En realidad, muchas veces tener fe sencillamente significa «seguir tratando», «permanecer firmes» o «proseguir». María es ejemplo de que tener fe significa persistir cuando otros nos abandonan, cuando los seudodioses desaparecen y nos quedamos a solas con Dios.

Ella fue bendecida en su dolor. María no solo siguió junto al sepulcro, siguió allí llorando. Sollozaba y seguía mirando al sepulcro. Lloraba a su Señor. Lo echaba de menos. Deseaba estar con Él. Sentir dolor significa clamar en el corazón por los que am xamos. Se nos ha prometido que si buscamos, hallaremos. Y se nos dice que los que lloran serán consolados.

En efecto, mientras María lloraba vio en visión a los ángeles. Ellos le preguntaron por qué lloraba. Ella respondió: «Es que se han llevado a mi Señor, y no sé dónde le han puesto» (Juan 20.13).

La perseverancia, la fe y el deseo o la aflicción intensas por Dios llevan a ver. Como alguien dijera: «Moisés vio la zarza ardiendo. Y la zarza sigue ardiendo, pero solo los que tienen ojos la pueden ver».

María seguía mirando el sepulcro, sin advertir que alguien estaba junto a ella. El dolor de la muerte puede ser tan fuerte que el sepulcro se convierte en el punto central. Al darse vuelta, María vio a un hombre que le preguntó: «¿Por qué lloras? ¿A quién buscas?» Son preguntas agudas. Cristo confronta la motivación de nuestro corazón. Nos interroga acerca de nuestros sentimientos. También nos cuestiona acerca de quién o qué buscamos.

Buscar a Dios a veces significa sentir su ausencia. ¿Cuántas veces lloramos porque Dios está ausente? El anhelo de su presencia comprueba nuestra relación con Él. Después de todo, ¿cómo podemos echar de menos a alguien que no conocemos?

Ella no pudo creer lo que veían sus ojos. María vio a un hombre que pensó que era el que cuidaba el huerto.

En el desarrollo cognoscitivo, según Piaget, el niño desarrolla un esquema para las experiencias nuevas. Cuando ve por primera vez un perro, desarrolla en su cerebro un esquema para perro. Es un animal de cabeza puntiaguda, cuatro patas y una cola. Un poco después el niño ve una vaca. La vaca tiene cabeza puntiaguda, cuatro patas y una cola. Entonces el niño dice: «¡Ah, un perro grande!» Adapta la vaca al esquema existente del perro. Para que el niño se desarrolle, tiene que desarrollar un esquema nuevo para la vaca.

Los adultos son parecidos. Al ver a un hombre en el cementerio, María supuso que era el que cuidaba el lugar. Pero era Jesús. ¿Cuántas veces Él se nos ha aparecido, y en vez de desarrollar un nuevo esquema lo hemos metido en el que ya tenemos en el corazón? Y no lo hemos visto. «Era solo mi vecino, o mi amigo, o mi pastor, o mi esposa, o mi esposo, o mi hijo. Solo una coincidencia». Pero Cristo siempre viene en el hogar, en el terremoto, en la enfermedad, en el dolor, en la pobreza.

Ella escuchó que la llamaba por su nombre. Jesús llamó a María por su nombre. Qué conmovedor. La fe tiene algunos componentes comunitarios pero es, por encima de todo, personal. Es que lo llamen a uno por el nombre. Cada uno de nosotros es único. Todos tenemos nuestras fortalezas, nuestras debilidades y nuestra vocación. Hemos sido llamados a ser misioneros en nuestra propia vida. Pero muchos de nosotros, por falta de una identidad clara, resistimos nuestro llamamiento personal. Nos sentimos como si fuéramos solo un rostro en medio de la multitud. Buscamos que otros validen nuestra experiencia. Algunos de nosotros somos tan codependientes que ni siquiera sabemos nuestro nombre.

Jesús amó a María. Ella fue su discípula. Ella lo buscó. Permaneció junto a Él. Le fue fiel y se dedicó a servirle. Él la conoció de manera personal y la llamó por nombre. Se le reveló.

Al oír su nombre y sentir el amor de Dios, María lo reconoció y contestó: «Raboni», que quiere decir maestro. Sorprende pensar que el Cristo resucitado se revelara primero a una mujer que no tenía nada. Pero la experiencia festiva que ella vivió está íntimamente relacionada con su voluntad de permanecer junto a la cruz, de perseverar junto al sepulcro y de llorar por Él.

No podemos esperar experiencias extáticas de fe si no pasamos antes por los valles del compromiso, la perseverancia y el llanto.

Ella fue enviada. Extasiada, María se abalanzó hacia Jesús. Deseaba estar con Él para siempre, pero Jesús le dijo: «Ve más bien a mis hermanos y diles: "Vuelvo a mi Padre, que es Padre de ustedes; a mi Dios, que es Dios de ustedes"» (Juan 20.17).

El gozo de conocer a Cristo no es solo para nosotros, sino que nos conduce a su servicio. Nos envía a crear comunidad. Ir a los hambrientos. Ir a los heridos. Ir a los encarcelados. Ir a los oprimidos. Hacerles saber que Jesucristo vive. Contarles que, debido a la resurrección, hay amor y hay esperanza.

María Magdalena fue una mujer común y corriente que había pasado gran parte de su vida en deshonra. La que había sido adicta impotente a sus seudodioses, en forma milagrosa encuentra la senda hacia el Santo Totalmente Otro, hacia la cruz y, en última instancia, hacia el sepulcro, en medio de la oscuridad de esa primera mañana de Pascua. Dios la escogió a ella para anunciar la resurrección de su Hijo a un mundo en bancarrota.

Ella, ante todo, lo recibió en su propia vida y luego lo contó a la comunidad. Por último, María Magdalena nos dio el mensaje de la resurrección a todos nosotros.

Hace unos años visité el estudio del escultor Roland Johnson en la hermosa isla de Abaco en las Bahamas. Me mostró una escultura suya que representa a una anciana demacrada que persigue a un joven varonil encadenado a una calavera. La anciana representaba a la muerte que inevitablemente iba a alcanzar al joven. El señor Johnson me explicó que, aunque el tema era trágico, era verdadero y por eso tenía un significado especial. Me dijo que al esculpir ese tema de lo inevitable de la muerte, había llegado a creer en Dios. Para ese entonces estaba trabajando en otra escultura que representaba a María Magdalena de pie junto al sepulcro de Jesús. Me comentó que esa nueva escultura respondía a la pregunta que formulaba la anterior. Representaba la fe recién hallada, la esperanza y el significado final de la vida.

La obra artística en bronce de Rolan Johnson fue una de las declaraciones más poderosas de fe que jamás haya visto. Aunque el artista ya falleció, la experiencia que viví en su estudio es un faro permanente en mi búsqueda de fe. Y el testimonio de María Magdalena sigue tocando las vidas de personas a lo largo del tiempo, de la historia y en diferentes partes del planeta. Sí, amanece. Jesucristo ha resucitado. Ha resucitado de verdad.

> ¿Dónde está, oh muerte, tu victoria?
> ¿Dónde está, oh muerte, tu aguijón?
> 1 Corintios 15.55

NOTAS

Introducción
1. Erich Fromm, *You Shall Be As Gods* (Henry Holt, 1966), p. 43.
2. Frederick Buechner, *Wishful Thinking: A Theological ABC* (Harper & Row, 1973), p. 40.
3. E. Fromm, *You Shall Be As Gods*, p. 43.
4. Willard Gaylin, *Feelings* (Harper & Row, 1979), p. 223.
5. Charles Krauthammer, «Spiritual Quest», *Washington Post*, 4 de junio de 1993.
6. Francis Crick, *The Astonishing Hypothesis* (Macmillan, 1994), p. 263.
7. Citado en Richard Keyes, «The Idol Factory», en *No God But God,* ed. Os Ginness y John Seel (Moody, 1992), p. 32.
8. Richard Sennet, *The Fall of Public Man* (Norton, 1992), p. 324.
9. Rudolf Otto, *Idea of the Holy: An Enquiry into the Non-Rational Factor in the Idea of the Divine and Its Relation to the Rational,* traducido por John W. Harvey (Oxford University, 1923), pp. 29-30.
10. Sigmund Freud, *The Future of Illusión* (Norton, 1989).
11. J. B. Phillips, *The New Born Christian* (Macmillan, 1978), p. 23.
12. C. S. Lewis, *A GriefObserved* (Bantam, 1976), pp. 76-77.
13. Ibid., p. 79.
14. Karen Amstrong, *The History of God* (Alfred A. Knopf, 1993), p. 131.

Capítulo 1. La vida está herida
1. John Bradshaw, *Healing the Shame That Binds You* (Health Communications, 1988), p. 127.

Capítulo 2. La creación de un seudodios
1. Harold Kushner, *Who Needs God* (Pocket Books, 1991), pp. 57-58
2. Paul Tillich, *Dynamics of Faith* (Harper Torch Books, 1957), p. 1.
3. Fyodor Dostoievski, *The Idiot* (Bantam, 1987).
4. Peter Kreeft, *Back to Virtue* (Ignatius, 1992), p. 73.
5. Erich Fromm, *You Shall Be As Gods* (Henry Holt & Co, 1966), p. 43.
6. Ibid., p. 44.

Capítulo 3. El narcisismo: el dios de sí mismo
1. Gerald May, *Addiction and Grace* (Harper, 1991) p. 1.
2. Agustín, *Confesiones* 1.1. (Traducción de F. J. Sneed.)
3. Bruno Betterlheim, *Freud and Man's Soul* (Random, 1984), p. 15.

Capítulo 4. La conformidad: el dios del acomodamiento
1. Citado por Bettelheim, *Freud and Man's Soul*, pp. 6-7.
2. Eric Erickson, *The Comprehensive Textbook Of Psychiatry* vol. l, ed. por H. I. Kaplin y D. Dadock (Williams and Wilkins, 1989), p. 405.

Capítulo 5. El materialismo: el dios visible
1. Tillich, *Dynamics Of Faith*, p. 5.
2. T. S. Eliot, *Chorusfrom the Rock in the Great Thoughts* (Random, 1985), p. 121.
3. Brian Applyard, *Understanding the Present: Science and the Soul of Modern Man* (Doubleday, 1994), citado por Peter Steinfells en el *New York Times*, 20 de marzo de 1993, p. 7.
4. Rollo May, *Maris Searchfor Himself* (Delacorte, 1973), p. 69.
5. William Wordsworth, «The World Is Too Much with Us», *The Norton Anthology of Poetry* (Norton, 1983), p. 559.

Capítulo 6. El carácter sagrado del sentimiento
1. M. Scott Peck, *Further Along the Road Less Traveled* (Simón & Schuster, 1993), p. 224.
2. M. Scott Peck, *The Road Less Traveled* (Simón & Schuster, 1978), p. 81.
3. Henri Nouwen, *Reach Out* (Doubleday, 1975), p. 113.

Capítulo 7. La ira, la adicción y la sexualidad
1. Algunos de estos conceptos los he tomado del doctor Bruce Baldwin. Los descubrí en un artículo que escribió para el *USAir's Travel Magazine*.
2. May, *Addiction and Grace*, p. 4.
3 Peter Kreeft, *Making Cholees* (A Servant, 1990), p. 96.
4. Peck, *Further Along the Road Less Travelled*, p. 219.
5. Citado en Dan Wakefield, *Returning* (Doubleday, 1988), p. 227.

Capítulo 8. Las ilusiones extraordinarias
1. Henri Nouwen, *Reaching Out: The Three Movements of the Spiritual Life* (Doubleday, 1975), p. 116.
2. D. Postema, *Space for God* (Bible Way, 1986), p. 171.

Capítulo 9. Cómo encarar el yo herido
1. Lawrence Kohlberg, *Essays on Moral Development* (Harper & Row, 1987).

Capítulo 12. El perdón: la gracia sanadora
1 Robin Casarjian, *Forgiveness: A Bold Chotee for a Peaceful Heart* (Bantam, 1992), pp. 16-19.

Capítulo 13. De las heridas a la adoración
1 George Byron, «Child Harold's Pilgrimage», canto 4, 178, *Pan Dictionary of Famous Quotations* (Evans Brothers, 1989), p. 84.
2. Citado en May, *My Quest for Beauty*, p. 31.
3. Ibid., p. 231.
4. Herbert Reed, *Art and Alienation* (Horizon Press, 1967), p. 21.
5. Citado en William James, *The Varieties of Religious Experience* (Image, 1978), pp. 217-19.
6 Ralph Waldo Emerson, citado en el Discurso a la Facultad de Teología, publicado en *The Portable Emerson*, ed. Cari Bode (Penguin, 1977), p. 86.

Epílogo: El amanecer
1 J. R. Lowell, *And He Had Compassion* (Judson, 1948), p. 262.
2. Sigmund Freud, *Civilization and Its Discontents* (Norton, 1961), p. 81.

¿Se salvará la Iglesia de la Tribulación?
¿Se está cumpliendo hoy la profecía?
El anticristo ¿está vivo en nuestros días?

Por primera vez, ahora hay una Biblia que reúne una biblioteca de sabiduría y estudio de parte de más de 48 reconocidos expertos en profecía bíblica, dirigidos por el Dr. Tim LaHaye. El Dr. LaHaye ha contado con los significativos aportes de los siguientes académicos para esta obra, culminación de toda una vida:

- John Askerberg
- Tony Evans
- Chuck Smith
- David Jeremiah
- Zola Levitt
- Erwin Luzer
- Josh McDowell
- Adrian Rodgers

Y muchos más

Juntos, todos ellos han creado las Biblias de estudio indispensables para pastores, maestros y estudiantes, y todo el que tenga interés por descubrir los hechos y datos reales tras la ficción, sobre lo que la Biblia nos dice en cuanto a la profecía de los últimos tiempos. La Biblia de Estudio de la Profecía, de Tim LaHaye, es una verdadera Biblia de estudio porque es integral, completa. Contiene:

- Cuadros a todo color
- Cronología gráfica de eventos bíblicos
- Referencias en columna central
- Gráficos panorámicos a todo color
- Línea de tiempo de sucesos bíblicos
- Introducciones a los libros
- Más de 70 artículos relacionados con la profecía bíblica
- 84 Cuadros y tablas
- Concordancia de la Biblia
- Notas explicativas de pasajes clave relacionados con la profecía bíblica
- Letras de Jesús en rojo

Tim LaHaye es un autor bestseller en la lista del New York Times con más de setenta libros de no ficción, muchos de ellos acerca de profecías y el fin de los tiempos, y es el coautor de la serie «Dejados atrás» con ventas record. Se considera que LaHaye es uno de las autoridades más reconocidas a nivel mundial acerca de las profecías bíblicas del fin de los tiempos.

Otro libro de:   www.editorialniveluno.com *Para vivir la Palabra*

Porque el SEÑOR da la sabiduría; conocimiento y ciencia brotan de sus labios....
Él cuida el sendero de los justos y protege el camino de sus fieles.
Entonces comprenderás la justicia y el derecho, la equidad y todo buen camino;
Proverbios 2:6, 8–9

El liderazgo no es para los de corazón débil, aún cuando a veces hasta el líder más fuerte tiene sus dificultades. Tu liderazgo ¿cómo funciona? Así como otros dependen de ti ¿de quién puedes depender? La respuesta es Dios, el Líder de los líderes.

Cuanto más tiempo pases meditando en el aliento y la guía que Él brinda, más fuerza hallarás para enfrentar las exigencias de cada día. Lee este diario de John Maxwell todos los días del año. Te muestra el camino para que puedas liderar según el corazón de Dios.

JOHN MAXWELL es un experto en liderazgo reconocido a nivel internacional, orador y autor que ha vendido más de 22 millones de libros. Es el fundador de la John Maxwell Company, el John Maxwell Team y EQUIP, organizaciones que han capacitado a más de 5 millones de líderes en 185 países.

Otro libro de: 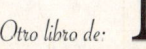  www.editorialniveluno.com *Para vivir la Palabra*

LA MAYORÍA DE LAS COSAS QUE NOS SUCEDEN EN LA VIDA NOS OCURREN POR LA FORMA EN QUE PENSAMOS.

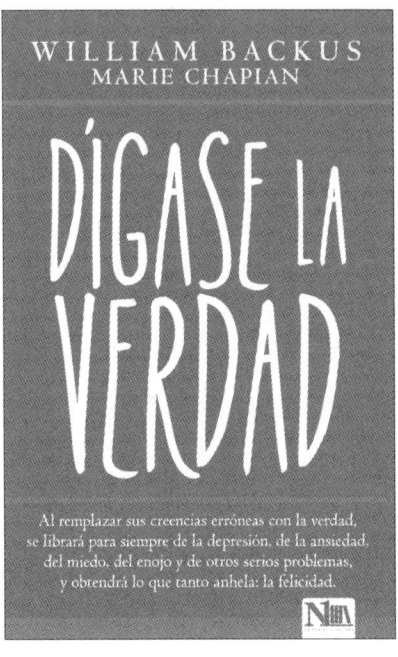

Pensar equivocadamente produce emociones equivocadas, reacciones equivocadas y comportamiento equivocado; en otras palabras, **INFELICIDAD**.

Es por eso que cuando aprendemos a luchar con las creencias erróneas que yacen en la raíz de la mayor parte de nuestros problemas diarios, hemos dado el primer paso en el camino que conduce a la verdadera **FELICIDAD** y al contentamiento **REAL**.

DÍGASE LA VERDAD enseña la manera correcta de pensar. La "terapia para tratar las creencias erróneas" cambiará totalmente su vida, ya que involucra introducir la verdad en su sistema de valores, filosofías, demandas, expectativas, supuestos morales y emocionales, así como también en lo que se dice a sí mismo o su "monólogo interno".

Un libro práctico, optimista y de fácil comprensión. Le mostrará cómo identificar sus creencias erróneas, cómo deshacerse de ellas y reemplazarlas con la verdad.

William Backus, PhD, fundó el Centro de servicios psicológicos cristianos. Antes de su muerte en 2005, fue un psicólogo clínico con licencia y un clérigo luterano ordenado. Escribió muchos libros.

Otro libro de: **N** www.editorialniveluno.com *Para vivir la Palabra*

«Nuestra repuesta a las preguntas morales no está determinada por la política, la economía, las preferencias personales, la opinión popular o la lógica humana. Más bien, se afianza en lo que Dios nos dice como verdad acerca de nosotros mismos y nuestro mundo. La Palabra de Dios ofrece sanidad, claridad, y esperanza» —JOHN MACARTHUR

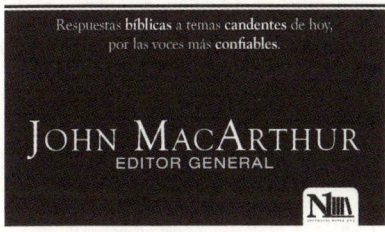

Respuestas bíblicas a temas candentes de hoy, por las voces más confiables

Uno de los mayores desafíos que enfrentan los cristianos de hoy es la poderosa influencia del pensamiento secular. Los puntos de vista persuasivos pero contrarios a la Biblia, nos llegan constantemente y desde todas las direcciones. Utilizando la Biblia como fundamento podrá formar la perspectiva cristiana sobre temas clave como…

- el activismo político
- el culto a la celebridad
- el matrimonio homosexual
- la eutanasia y el suicidio
- la inmigración
- el ambientalismo
- el entretenimiento y el escapismo
- el aborto, la anticoncepción, el alquiler de vientres
- los desastres y las epidemias
- Dios y el problema del mal

Se incluye también una guía de referencias de temas con versículos de la Biblia referentes a cada tema. Es una guía que le servirá como herramienta para hallar las ideas correctas y las respuestas de la Biblia a las preguntas y cuestiones más candentes.

John MacArthur es pastor y maestro de Grace Community Church en Sun Valley. También es presidente de The Master's College and Seminary. Es un prolífico autor con muchos éxitos de ventas: *El pastor como predicador, El pastor en la cultura actual, El pastor como líder, La segunda venida, Nuestro extraordinario Dios, Libertad y poder del perdón*, etc.

Con todas las sensacionalistas historias acerca del **CIELO** contadas por personas que afirman haber muerto y vuelto a vivir,

¿CÓMO SABER REALMENTE QUÉ CREER?

¿Qué dice, en realidad, la Biblia acerca del cielo?

¿Cómo nos afecta ese tema?

¿Qué sucede en el momento después de la muerte?

¿Cómo serán nuestras relaciones en el cielo?

Chip Ingram hace a un lado el ruido publicitario y los mitos, y excava en las Escrituras para descubrir lo que Dios quiere que sepamos sobre la vida después de la muerte. Más importante aun, Ingram muestra por qué nuestro entendimiento del cielo es valioso ahora, en esta vida. Porque lo que creemos acerca del cielo en realidad nos afecta hoy en formas que quizás no nos hemos imaginado.

CHIP INGRAM es pastor principal de la congregación Venture Christian Church, en California. Pastor por más de veinticinco años, Chip tiene una capacidad única para comunicar la verdad y desafiar a la gente, de una manera cautivadora, a vivir su fe. Chip y su esposa, Teresa, tienen cuatro hijos y diez nietos.

LANCE WITT es fundador de REPLENISH (www.replenish.net), un ministerio dedicado a ayudar al liderazgo cristiano. Lance sirvió como pastor principal y ejecutivo en Saddleback Church. Ayudó en las campañas de 40 días con propósito.

Otro libro de:    www.editorialniveluno.com   *Para vivir la Palabra*